앨빈 토플러의 편지

이 책은 미래에 관해 이야기하고 있습니다.
여러분이 앞으로 인생을 어떻게 보내야 할지에 관한 얘기이기도 하지요.
과거에는 미래에 대해 대충 짐작할 수가 있었습니다.
그때는 변화가 너무 느렸기 때문이지요.
미래는 단지 과거를 반복할 뿐이었으니까요.
그러나 오늘날 미래를 짐작한다는 것은 너무도 어려운 일입니다.
하루가 다르게 새로운 기술, 새로운 아이디어, 새로운 사업들이
쏟아져 나오고 있으니까요.

또한 과거에는 인간 관계가 자신이 속한 아주 작은 마을에 제한되어 있었습니다.
그러나 오늘날 여러분은 세계 어느 곳에서든 친구를 사귈 수 있습니다.

세상은 점점 더 빨리 변해 가고
내일에 대해 말해 줄 안내자가 없이 미래를 알기는 더욱 힘들게 되었습니다.
바로 이러한 이유로 이 책이 존재하는 것입니다.
이 책을 통해 나는 여러분의 좋은 친구가 되고 싶습니다.
그래서 이 넓은 세상에 대해 그리고 미래에 대해 많은 얘기를 들려주고 싶습니다.
여러분도 자신의 미래에 지혜롭게 대비하고 싶다면
지금 당장 이 책과의 만남을 시작해 보세요!

하이디 토플러의 편지

이 책을 집어 드는 순간부터 여러분은 아마도
다른 사람들보다 더 많은 기회를 얻게 되리라 생각합니다.

사람들은 누구나 자신의 미래에 대해 꿈을 품습니다.
여러분도 아마 참 많은 꿈을 가지고 있을 것입니다.
그러나 옛날 사람들, 특히 소녀들에게는
자신이 하고 싶은 일에 대한 선택의 기회가 그다지 많지 않았답니다.
다행히 세상은 계속 변해 가고 이제 모든 역할이
남성이나 여성 모두에게 개방되어 있습니다.
그러므로 이전에는 결코 존재하지 않았던
많은 기회가 앞으로 여러분에게 제공될 것입니다.

여러분이 자신의 꿈을 맘껏 펼치고 싶다면 우선
독서를 많이 하는 것이 가장 좋은 방법이라고 생각합니다.
매일 다양한 종류의 책을 읽음으로써 여러분은
미래의 꿈을 실현할 수 있는 길을 그 속에서 찾게 될 테니까요.

여러분! 어떤 일이 있더라도 자신의 꿈을 결코 포기하지 마세요.
꿈을 이룬 후에라도 꿈을 버리지 마세요.
미래는 바로 여러분의 것이니까요.

*For South Korea's
next generation
— a better
future!*

앨빈 토플러
청소년
부의 미래

앨빈 토플러 청소년 부의 미래

1판 1쇄 발행 2007년 5월 20일
1판 82쇄 발행 2021년 7월 23일
개정판 1쇄 발행 2023년 5월 31일
개정판 2쇄 발행 2024년 11월 22일

지은이 앨빈 토플러, 하이디 토플러
엮은이 이노을 **그린이** 유남영
총괄 기획 김성희 **감수** 김주현
펴낸이 고병욱

펴낸곳 청림출판(주)
등록 제2023-000081호

본사 04799 서울시 성동구 아차산로17길 49 1010호 청림출판(주)
제2사옥 10881 경기도 파주시 회동길 173 청림아트스페이스
전화 02-546-4341 **팩스** 02-546-8053

홈페이지 www.chungrim.com **이메일** cr2@chungrim.com
인스타그램 @chungrimbooks **블로그** blog.naver.com/chungrimpub
페이스북 www.facebook.com/chungrimpub

ISBN 978-89-352-1415-0 03320

앨빈 토플러 청소년 부의 미래

앨빈 토플러 · 하이디 토플러 지음

청림출판

본문에 나오는 중요한 키워드(▮표시)는 미래 지식 사전에서 찾아 볼 수 있습니다.

미래를 이끌어 갈
한국의 친구들에게

여러분은 누구보다도 미래에 대해 생각해 보는 시간이 많을 것입니다. 어떤 사람이 되고 싶은지 또는 어떤 일을 하고 싶은지에 대한 꿈이 많기 때문이겠지요. 청소년기는 인생의 설계도를 그리고 꿈을 실현할 주춧돌을 놓는 시기입니다. 아직 미래가 확정되지 않았기 때문에 무엇이든지 할 수 있는 가능성이 활짝 열려 있다는 것! 그것은 여러분이 가진 가장 귀한 특권일 것입니다.

그런데 여러분은 자신이 살아갈 미래에 대해 생각해 본 적 있나요? 우리가 살아갈 세상이 어떨지, 또 어떻게 변화할지에 대해서 얼마나 생각해 보았는지 궁금합니다. 물론 많은 상상을 했을 테지만 분명한 건 여러분이 성인이 되어 꿈을 펼칠 미래는 지금과는 아주 다른 세상이라는 것입니다. 사회의 모든 분야가 하루가 다르게 너무도 빨리 변화하기 때문이지요. 자동차가 처음에는 천천히 달리다가 갈수록 속도를 빨리 낼 수 있는 것처럼 사회도 지금 그렇게 가속도를 내면서 빠르게 변화하고 있으니까요.

한국은 불과 반세기 만에 한강의 기적을 이루고, 지식혁명¹의 선두에 서 있는 나라입니다. 그리고 앞으로 이 대한민국이라는 역동적인 나라의 미래를 이끌어 갈 사람들은 바로 여러분입니다. 미래의 주인공인 여러분이 이처럼 빠르게 변화하는 세상에 대해 잘 알고 미리부터 대비해야 하는 건 당연한 일입니다. 미래는 스스로 준비하는 사람이 만들어 가는 것이니까요.

그래서 지금부터 여러분이 이 세상을 보다 넓게 이해하고 보다 멀리 미래를 대비하는 데 꼭 필요한 얘기들을 들려주려고 합니다. 오늘이 있기까지 인류에게는 그동안 어떤 변화가 있었는지, 그리고 변화무쌍한 오늘의 세계와 다가올 미래의 모습에 대해 말이죠.

주로 경제에 대한 이야기가 많을 테지만 역사와 문화, 사회와 과학 등의 분야를 모두 넘나들게 될 테니 두 눈을 크게 뜨고 생각의 문을 한껏 열어 두기 바랍니다. 21세기가 요구하는 것은 폭넓은 지식으로 무장한 창의적인 사람이니까요. 이 책을 읽고 청소년들이 세상을 현명하게 살아가는 데 거름이 될 지식을 얻는다면 나는 행복할 것입니다.

조금만 다른 시각으로 보아도 이 세상에서는 늘 새로운 사실을 깨달을 수 있습니다. 새로운 사실을 스스로 알아내는 것만큼 재밌는 일은 드물 것입니다. 그러니 여러분도 다른 방식으로 세상을 보는 법과 현실을 새롭게 보는 눈을 가지게 되길 바랍니다. 그런데 여기저기서 내가 누구냐고 묻는 친구들이 있군요. 자, 그럼 내 소개부터 먼저 해야겠네요.

작가를 꿈꾸던 소년, 세상을 내다보는 미래학자로

내 이름은 앨빈 토플러입니다. 그런데 언젠가부터 내 이름 앞에는 늘 '세계적인 미래학자'라는 말이 붙습니다. 심지어 나를 '족집게 예언가'라고 부르는 사람도 있습니다. 내가 펴낸 책들이 미래의 변화상을 족집게처럼 맞혔기 때문이지요.

하지만 나는 점쟁이도 예언가도 아닙니다. 다만 현재의 현상과 흐름을 분석해서 그것을 바탕으로 미래의 사회와 경제를 예측하는 학자일 뿐입니다. 또 미래는 점칠 수 있는 것이 아니므로, 나로서는 다가오는 미래를 위해 우리가 무엇을, 어떻게 준비해야 할지 생각할 수 있도록 글을 쓰거나 강연을 하는 등 여러 가지 방법으로 도울 뿐입니다.

물론 미래를 확실히 알 수 있는 사람은 아무도 없습니다. 하물며 아무리 경험이 많고 똑똑한 사람이라 할지라도 어떤 일이 언제, 어떻게 일어날 것인지를 미리 예측하기는 너무도 어려운 일입니다. 특히나 오늘날처럼 변화가 심하고 복잡한 세상에서 미래를 예측한다는 건 무모하기까지 한 일일지도 모릅니다.

그럼에도 인간은 누구나 미래를 미리 엿보고 싶어 합니다. 알 수 없는 미래를 두려워하기도 하고, 또 미래는 좀 더 멋진 세상이 될 거라는 기대로 장밋빛 꿈을 꾸기도 하면서 말이죠.

나는 열정과 호기심이 아주 많은 성격이어서 우리가 살아가는 세상에서 생겨나는 모든 일들에 늘 관심과 의문을 가져왔습니다. 그리고 그 의문을 풀기 위해 직접 몸으로 현장에서 부딪히기도 하고 많은 사람과 만나 얘기를 나누면서 누구보다도 치열하게 세상의 일들을 바라보고 나름대로 분석해 왔습니다. 연구실에 앉아서 공부만 한 것이 아니라 전 세계를 발로 뛰어다녔지요.

혼자 있을 때 나는 내가 가장 좋아하는 사색과 독서를 합니다. 거의 책벌레 수준이라고 할 만큼 나는 항상 책을 읽습니다. 면도를 할 때도 내 옆에는 책이 있을 정도지요. 내가 이처럼 책을 좋아하는 이유는, 다른 사람이 자신의 모든 것을 다 바쳐 연구한 것을 짧은 시간 안에 내 것으로 만들 수 있기 때문입니다.

그리고 고백하자면 나는 신문 중독자라고도 할 수 있습니다. 신문은 세상의 새로운 소식들을 가득 담고 있어 늘 내 호기심을 자극하니까요. 아침마다 전 세계에서 날아오는 7개의 신문을 손끝이 새까매지도록 꼼꼼히 읽는 것으로 하루를 시작하곤 했습니다.

다양한 사람들과의 만남, 탐구심과 호기심, 사색과 독서 그리고 관찰과 분석 등을 통해 나는 차츰 이 세상에 대한 통찰력과 함께 미래를 읽는 안목을 얻게 되었습니다.

나는 젊은 시절에 잊을 수 없는 5년의 세월을 보낸 적이 있습니다. 공장의 기능공으로 취업하여 자동차와 비행기 엔진, 백열전구 등을 생산하는 일을 하였지요. 주물 공장의 송수관 속을 기어다니기도 했고, 착암기로 바위에 구멍을 뚫는 힘든 육체 노동도 했습니다. 생산 현장을 밑바닥부터 체험한 것입니다. 물론 실직자의 설움도 겪었습니다.

그 뒤 나는 노동조합에서 발행하는 잡지에 글을 쓰는 기자로 몇 년간 일하다가 능력을 인정받았고, 워싱턴에서 신문사의 정치 담당 기자로 일하면서 백악관과 의회를 드나들 수 있게 되었습니다. 그러다 보니 사회의 가장 밑바닥의 육체 노동부터 가장 꼭대기의 정치 구조까지 모두 체험할 수 있었지요.

나는 비록 직업적인 경제학자는 아니지만 오랫동안 경제나 사회 정책 등에 관해 글 쓰는 일을 해 왔습니다. 또 많은 대학에서 강연을 했으며, 세계 각국 대기업의 리더들을 만났고, 대통령이나 수상에게 조언을 하기도 했습니다.

내가 펴낸《미래 쇼크》,《제3물결》,《권력 이동》등의 책이 100여 나라에서 출간되고 세계적인 베스트셀러가 된 후부터는 더욱더 다양한 사람들을 만날 수 있었습니다. 각국의 백만장자들을 비롯하여 노벨상 수상자들은 물론 왕과 여왕들, 심지어는 여성 죄수들과 빈민굴에 사는 소년들까지 말입니다.

이런 모든 경험들이 내게 혜안을 가져다 주었습니다. 그리고 내가 겪었던 다양한 체험들은 단편적인 지식이 아닌, 큰 그림으로 이 세계를 보는 데 많은 도움이 되었지요. 그러면서 나는 막연한 상상이 아니라, 있는 그대로의 현실에 대한 관찰과 분석을 통해 미래를 예측하는 눈을 갖게 되었습니다.

작가의 꿈을 키웠던 한 소년은 이렇게 해서 미래학자가 되었습니다. 여전히 이 세상에 대한 끝없는 의문에 가득 찬 소년처럼 두 눈을 반짝이면서요.

하이디를 소개합니다!

여러분에게 소개할 아주 중요한 또 한 사람이 있습니다. 바로 내 아내 하이디 토플러입니다. 내가 하이디를 만난 것은 행운이라고 할 수 있습니다. 하이디는 아주 명석하고 활달한 여성입니다. 뛰어난 미래학자일 뿐 아니라 문학, 과학, 법학 등 5개 분야에 대한 명예 박사 학위를 가지고 있지요.

대학생 때 첫눈에 반했던 그날부터 지금까지, 나는 항상 하이디와 함께 하고 있습니다. 인생의 멋진 동반자이자 일에 있어서는 가장 훌륭한 파트너로서 말이죠.

나는 언제나 하이디와 같이 일을 합니다. 책을 쓸 때마다 우리는 수없이 많은 토론을 나누지요. 하이디는 모든 것에 대해 의문을 갖고 내가 보지 못하는 차원을 봅니다. 나보다 더 현명하고 지혜롭지요. 믿어지지 않겠지만, 나는 가끔 하이디에게서 바보 같다는 면박을 당하기도 합니다. 그럴 땐 나는 학생, 아내는 마치 깐깐한 선생님 같지요.

하이디는 항상 내 의견에 귀를 기울여서 부족한 부분은 채워 주고 넘치는 부분은 조절해 줍니다. 내가 미래학자로서 지금 여러분에게 이야기를 들려주는 것도 하이디가 없었다면 불가능했을 것입니다.

나의 모든 책은 우리가 함께 사랑하며 살아온 삶의 합작품인 셈입니다. 지금까지 그래 왔듯이 앞으로 여러분에게 펼쳐 보일 이야기도 하이디와 함께하겠습니다.

오늘은 미래의 예고편

미래학(futurology)이란 과거 또는 현재를 연구하고 분석하여 미래를 예측하는 학문입니다. 그래서 미래학자들에게는 다른 어떤 직업보다도 날카로운 통찰력과 예지력이 필요합니다.

미래학이 다른 학문과 유별나게 다른 점이 있다면 미래를 대상으로 하기 때문에 누구도 100퍼센트 확신할 수가 없다는 것입니다. 그래서 공상의 학문이라고도 하지요. 하지만 미래학이 그렇게 허황된 것만은 아닙니다. 오늘의 사회 속에서 미래 사회를 알 수 있는 변화의 조짐을 찾아낼 수 있기 때문입니다. 그런 의미에서 오늘의 일들은 미래의 예고편이라고도 할 수 있습니다.

우리는 지금 지식혁명이라 불리는 엄청난 변화의 소용돌이 한가운데서 살고 있습니다. 《제3물결》이라는 책에서 내가 예견했던 것들이 바로 현실의 모습으로 진행되고 있는 것입니다. 신용 카드 사용, 은행 업무의 컴퓨터화, 재택 근무, 전자 정보화 가정에서부터 우주 산업과 유전자 산업의 눈부신 발달 등등……. 또 그보다 먼저 출간한 《미래 쇼크》에서는 동물과 인간을 복제하게 되리라고 예측했지요.

그때는 "과연 그런 세상이 올까?" 하고 고개를 갸웃거렸던 미래가 어느새 현재 진행형이 되어 있습니다. 그래서 꼭 필요하고, 또 그만큼 중요한 것이 미래학입니다. 미래학은 다가올 세상에 미리 대비하고 앞으로의 발전을 준비하기 위한 학문이니까요.

미래는 준비하는 자들에게 무한한 가능성을 주는 열린 공간입니다. 그리고 그 공간을 맘껏 누빌 주인공은 바로 여러분이 될 것입니다.

여러분은 보다 나은 미래를 위해 오늘이라는 시간을 더욱 소중히 여기기를 바랍니다. 그리고 시간이라는 귀한 자원을 미래를 위한 지식을 쌓는 일에 아낌 없이 투자하기 바랍니다.

이 책의 내용 중 일부 자료는 저자가 집필할 때(2006년)의 기록에 따랐으며, 기술 관련 내용에 대해서는 편집부에서 최신 자료를 일부 추가했음을 밝힙니다.

작가를 꿈꾸다

1928년 10월 3일, 뉴욕에서 태어났으며, 7세 때부터 작가가 되겠다고 마음먹었다. 작가의 꿈을 이루기 위해 고등학교 시절엔 학교 신문사에서 일하기도 했으며, 뉴욕 대학교에 진학한 뒤에는 문학 잡지를 창간해 직접 운영하기도 했다.

평생의 파트너를 만나다

뉴욕 대학교 재학 중에 아내 하이디를 만났다. 부부이자 업무 파트너로서 평생 변함없는 애정과 신뢰를 나누었다.

용접공에서 저널리스트로 변신하다

1949년 뉴욕 대학교를 졸업한 뒤 미국 중서부 공업 지대에서 노동자로 취업했다. 이후 5년 동안 용접공과 프레스공으로 일하며 현장의 삶을 체험했다. 기능공으로 일하면서도 작가의 꿈을 접지 않고 노동조합 관련 잡지에 글을 기고하다가 이후 용접 산업 전문지 기자로 취직, 저널리스트로 변신했다.

칼럼니스트가 되다

펜실베이니아 지역 신문의 백악관 특파원으로서 정치·노동 문제를 담당하는 기자로 일하다가 차츰 비즈니스 분야로 영역을 넓혀 1959년부터 1961년까지 〈미래〉 지의 부편집자로 활동하였다. 이후 경제 전문지 〈포춘〉에 들어가 노동 및 문화 관련 칼럼을 쓰면서 칼럼니스트로 변신했다.

전문 작가의 길로 들어서다

1964년 《문화의 소비자》라는 책을 출간하면서 전문적인 작가의 길로 들어섰다. 그 뒤 1970년에 내놓은 《미래 쇼크》가 세계 50개국에서 700만 부 이상 팔리면서 세계적인 작가가 되었다. 그는 이 책을 통해 미래 사회에 일어날 충격을 미리 내다보고 세상에 이를 널리 알려 주었다.

지식혁명을 예견하다

1980년 《제3물결》이 출간되면서 세계적인 미래학자로 큰 명성을 얻게 되었다. 이 책에서 토플러 박사는 지식 정보화 사회가 올 것을 예견하였다. 또한 재택 근무, 전자 정보화 가정 등의 새로운 용어를 처음으로 사용하였고 이것들은 지금 현실이 되어 있다.

다시 세상을 놀라게 하다

1990년 《권력 이동》을 펴내며 커다란 화제를 일으켰다. 이 책에서 그는 권력의 3가지 원천을 폭력·부·지식으로 보았다. 21세기의 전 세계적인 권력 투쟁에서의 핵심 문제는 지식의 장악이며, 이 지식이야말로 진정한 권력의 수단이 될 것이라고 전망했다.

한국의 미래를 진단하다

한국에 대해 각별한 애정을 가지고 있어 1990년대 초 한국을 처음 방문한 이후 한국의 발전상을 가까이서 지켜보았다. 2001년에는 〈한국의 정보화 미래에 대한 성공 전략 보고서〉를 내는 등 김대중 전 대통령의 조언자 역할을 하기도 했다. 이후에도 여러 차례 한국을 오가며 활발한 강연 활동을 했다.

앨빈 토플러 박사가 들려주는 미래학 특강

01

부 그리고

부의 미래

부란 무엇일까?

부(富, wealth)에 대해 아무런 관심이 없는 사람은 아마 없을 것입니다. 부는 현대 자본주의 시대에 살고 있는 모든 사람의 관심사이자 욕망의 대상이니까요.

그런데 부라고 하면 사람들은 보통 손으로 만질 수 있는 화폐를 떠올립니다. 그래서 돈이 많은 사람들을 부자(富者)라고 하지요. 그러나 부와 돈은 동의어가 아닙니다. 돈은 여러 가지 부의 형태 중 하나일 뿐이지요. 다시 말해 부는 돈을 포함하여 아주 넓은 의미를 지닙니다.

부가 무엇인지 정확히 알려면 그 근원인 욕망을 이해하는 것부터 시작해야 합니다. 넓은 의미의 부는 절대적으로 필요한 것에 대한 욕망에서부터 일시적인 욕구까지, 인간의 욕망을 만족시키는 것들을 모두 포함하니까요. 물질적인 욕망을 채우는 것은 물론이요, 사회적, 문화적, 정신적 욕구를 충족시키면서 소유의 형태를 띠는 것들은 모두 부에 해당됩니다. 그러니까 부는 인간의 욕망을 채워 주고 갖고 싶은 욕구를 해소해 주는 그 무엇이라고 할 수 있습니다.

자, 그럼 여러분의 이해를 돕기 위해 우리 주위에서 흔히 볼 수 있는 부를 한번 찾아볼까요? 여러분의 집을 살펴보면, 냉장고에는 당장 먹을 수 있는 음식들이 있고, 부엌의 쌀독에는 쌀이 가득 들어 있을 겁니다. 또 마당에는 여러분이 타고 다니는 자전거와 아버지가 몰고 다니는 자동차가 있고, 장롱 서랍 속에는 은행 통장이나 보험서류, 부동산 관련 문서 등이 들어 있을 것입니다.

이런 것들도 모두 부라고 할 수 있습니다. 이들은 모두 어떤 의미에서건 인간의 욕망을 충족시켜 주니까요. 또 바라볼 때마다 작은 기쁨을 주는 거실의 풍경화도 부에 해당된다고 할 수 있습니다.

부는 일종의 소유라고도 말할 수 있는데, 경제학자들은 이를 효용이라고 부릅니다. 효용은 소비를 함으로써 얻는 주관적 만족의 정도를 나타내지요.

그런데 소유라든가 만족은 주관적인 것이기 때문에 서로 비교하기도 어렵고 그 크기를 측정하는 것도 불가능합니다. 아무리 많이 가져도 충분하지 않다고 여기는 사람도 있고, 아주 적게 소유하고도 충분히 만족하는 사람도 있으니까요. 또 굶주린 아이가 있는 엄마에게 한 줌의 쌀은 엄청난 가치가 있는 부일 수 있지만 배부른 사람들에게는 아무런 의미가 없을 수도 있습니다. 그러니까 부는 단순히 '값비싼 물건이나 돈을 많이 가지고 있다'는 식의 의미가 아니라는 얘기죠.

그리고 경제학자들의 계산에는 포함되지 않겠지만 건강이라든가 사랑, 단란한 가족, 서로에 대한 존중 같은 것도 부의 한 형태라고 볼 수 있습니다. 그러니까 우리 주변에는 우리가 미처 깨닫지도 못한 엄청난 양의 부가 감춰져 있는 것입니다.

　내가 이 책에서 다루는 부는 이처럼 보이는 부(visible wealth)
와 보이지 않는 부(invisible wealth)를 모두 다 포함하는 넓은 의
미입니다.

　세계는 지금 눈에 보이는 부가 보이지 않는 부와 서로 뒤섞이면서
엄청난 변화를 일으키고 있습니다. 그리고 미래에는 보이지 않는 부
가 더 커지게 될 것이며, 이것이 자본주의의 미래를 바꿔 나갈 것입
니다.

부를 통해 미래를 읽는다?

우리는 지금 지식혁명의 소용돌이 속에서 급격한 변화를 겪으며 살아가고 있습니다. 하루가 멀다 하고 쏟아져 나오는 새로운 기술과 인터넷의 발달은 새로운 산업을 만들고 새로운 문명을 창조하고 있습니다. 그러나 이런 변화는 이제 시작에 불과합니다. 앞으로 다가올 세계는 지금보다 더욱더 빠른 속도로 변화할 테니까요.

역사는 지금까지 부를 만들고 그것을 축적한 사람들이 이끌어 왔습니다. 나는 지금부터 지식혁명 시대에는 어떻게 부가 만들어지고, 또 누가 그 부를 지배할 것인지에 대한 이야기들을 차근차근 여러분에게 들려주려고 합니다.

부가 어떻게 새로운 문명을 만들어 내고, 삶의 형태를 어떻게 바꿀 것인지, 우리의 생활에 엄청난 영향을 미칠 '부의 미래'는 어떤 모습일지에 대해서도 이야기해 보겠습니다. 그러니까 부를 통해 미래를 내다보려는 것이지요.

자, 그럼 앞으로의 변화는 우리에게 어떤 미래를 가져다 줄 것인지, 앞으로 다가올 혁명적인 부는 우리의 삶에 어떤 영향을 미치게 될지 함께 탐구해 보기로 합시다.

욕망! 버려야 하나, 키워야 하나?

지식 + 플러스

이 세상에는 엄청나게 잘사는 부자들도 많고 하루에 한 끼도 먹기 힘든 가난한 사람들도 많습니다. 때문에 일부 종교에서는 자기에게 필요한 것 이상의 부를 추구하는 행위를 욕망이라 하여 나쁜 일로 여기기도 하지요.

힌두교나 불교에서는 욕망을 채우기보다는 줄이거나 버림으로써 행복을 추구하라고 가르치고 있습니다. 힌두교도가 대부분인 인도는 그러한 사상 덕분에 아주 오랜 세월 동안 지독히 가난한 나라로 지내 왔습니다.

이에 비해 서양의 기독교는 오히려 정반대의 메시지를 전했습니다. 물질적인 욕망을 억누르는 대신 열심히 일하고, 절약하고, 정직하라는 윤리를 가르친 것입니다. 이를 지키면 하나님이 욕망을 채우도록 도와 주실 거라고 약속하면서요. 때문에 이런 가치관을 받아들인 서양의 많은 국가는 부를 키워 나갈 수 있었습니다.

요즘 경제 대국으로 떠오르는 중국도 마찬가지입니다. 중국은 한때 모두가 평등하게 나누어 가지는 공산주의 국가였습니다. 그러나 1970년대에 들어 지도자 덩샤오핑이 부자가 되는 것은 영광스러운 일이라고 말했습니다. 그의 말은 가슴속에 억눌려 있던 중국인의 욕망을 자극하여 중국이 오랜 가난으로부터 벗어나는 계기가 되었습니다.

요즘 텔레비전이나 잡지를 보면 수많은 광고가 사람들을 유혹합니다. 먹고,

입고, 마시는 상품들은 물론 날마다 새로운 기능을 가진 휴대폰들이 쏟아져 나오고, 새로운 디자인의 자동차와 한층 업그레이드된 컴퓨터와 전자기기 등이 우리의 시선을 사로잡습니다. 이런 광고들은 끊임없이 현대인의 욕망을 자극하고 부추기지요.

그러나 단순하게 욕망을 키운다고 해서 모든 사람이 부자가 되는 것은 아닙니다. 욕망을 부추기고 부를 추구하는 국가가 반드시 부자 나라가 되는 것도 아닙니다. 하지만 가난의 미덕을 강조하는 사회에서는 그들이 추구하는 대로 가난할 수밖에 없다는 사실을 우리는 기억해야 합니다.

앨빈 토플러 박사가 들려주는 미래학 특강

세상을 바꾼

02

변화의 물결들

인류 최대의 발명품은?

인류 역사상 가장 중요한 발명품은 무엇일까요? 수레바퀴? 문자? 아니면 컴퓨터? 모두 다 중요한 발명품인 것은 틀림없지만, 내가 최고의 발명품으로 꼽고 싶은 것은 바로 '부 창출 시스템(wealth system)'입니다.

부 창출 시스템이란 부를 만드는 방식을 말하는 것입니다. 인류는 수천 년 동안 부를 창출해 왔습니다. 자급자족한 물품이든, 눈에 보이는 돈이든, 아니면 눈에 보이지 않는 무엇이든 간에 말입니다. 내가 이것을 최고의 발명품으로 꼽는 이유는 인류의 역사를 이끌어 온 주인공이 바로 부 창출 시스템이라고 생각하기 때문입니다.

인류의 역사와 시대를 구분하는 방법에는 여러 가지가 있습니다. 역사학자는 인류사에 큰 영향을 미친 사건이나 사회적인 변혁을 기준으로 시대를 구분하지요. 또 지질학자는 땅의 구조나 땅에 살던 고생물들의 변화를 기준으로 역사를 구분하기도 합니다.

하지만 내가 역사를 구분하는 기준은 바로 부 창출 시스템입니다. 인류가 살아오는 동안 겪은 엄청난 변화를 부 창출 시스템을 기준으로 바라본 것이지요. 나는 인류의 역사를 3개의 물결로 구분하여 부의 혁명적인 변화를 시기별로 나눠 보았습니다.

제1물결은 1만 년 전에 시작되어 수천 년에 걸쳐 인류의 역사를 서서히 바꾼 농업혁명의 물결이고, 제2물결은 300년이라는 비교적 짧은 시간에 인류를 변화시킨 산업혁명[의 물결입니다. 그리고 제3물결은 1950년대 중반에 시작되어 현재까지 계속되고 있는 지식혁명의 물결이지요.

이 각각의 물결들은 과거의 모든 것을 송두리째 바꾸면서 걷잡을 수 없는 힘으로 흘러왔습니다. 지금부터 역사 속에서 그 물결들이 얼마나 큰 변화를 이루어 냈는지 살펴보도록 하겠습니다.

선사 시대의 아인슈타인

수천 년에 걸쳐 인류의 역사를 바꾼 농업혁명은 뜻밖에도 관찰력과 IQ가 아주 뛰어난 한 사람으로부터 시작되었다. 남자들은 주로 사냥을 하였으니 아마도 그 사람은 여성이었을 것으로 짐작된다. 1만 년 전, 지금의 터키 지역인 카라카닥 산 근처에 살았던 것으로 추정하는 이 천재는 식물들이 자라고 열매 맺고 봄이면 다시 싹이 트는 것을 유심히 관찰했다. 그러다 생명이 움트는 비밀은 바로 씨앗에 있다는 사실을 발견하고는 인류 최초로 씨앗을 심고 가꾸는 실험을 시작했다. 결국 이런 사소한 관찰과 작은 실험이 인류의 역사를 바꿔 놓았던 것이다.

역시 여자는 대단해!

제1물결 _ 농업혁명

먼 선사 시대, 인간은 짐승을 잡거나 곡식과 열매를 찾아다니면서 살았습니다. 먹을 것을 찾아 이곳저곳을 떠돌아다니는 유목 사냥꾼의 생활이었지요. 그러다 동물을 길들이기 시작하면서 무리를 지어 목축 생활을 하게 되었습니다. 이때까지는 부를 창출할 만한 것이 없는, 그저 생존을 위해 살아가는 생활이었습니다.

농사를 짓기 시작하면서 사람들은 충분히 먹고도 남을 정도의 식량을 생산할 수 있게 되었는데, 바로 이 남아도는 생산물로 인해 부 창출 시스템이 생겨난 것입니다.

농업은 많은 것을 바꾸어 놓았습니다. 농사를 짓기 시작하면서 사람들은 일정한 장소에 정착하여 마을을 이루며 살게 되었고, 앞으로 닥칠지 모르는 궂은 날씨를 대비해서 먹고 남은 식량은 저장을 했습니다.

시간이 점점 흐르면서 먹고 남은 것, 즉 잉여 생산물을 관리하고 통제하는 계층이 생겨났습니다. 왕이나 귀족, 사제 등의 지배층이 등

자, 나도 간다!

장하게 된 것입니다. 그들의 호화로운 생활을 뒷받침하는 부를 만들어 준 것이 바로 잉여 생산물이었던 것이지요.

잉여 생산물이라는 부를 바탕으로 그들은 웅장한 궁궐과 멋진 사원을 지을 수 있었고, 사냥을 스포츠로서 즐길 수 있었습니다. 그리고 더 많은 부를 얻기 위해 전쟁을 벌이기도 했습니다.

하지만 부의 축적이 일부에게만 주어져 지배층과 피지배층 사이의 빈부 격차는 점점 더 크게 벌어지게 되었습니다. 소작농들은 굶어 죽어 가는데도 왕과 귀족들은 예술가들을 지원하는 일에 몰두했지요.

한편으로는 시장이 생겨나 생산물을 서로 교환하는 물물거래가 이루어졌던 것도 이때입니다.

이것이 바로 부의 제1물결, 즉 농업혁명입니다. 농업혁명으로 인류는 식량을 통제할 수 있게 되었지만 기근이라도 닥치면 피지배층인 농민들은 여전히 가난과 굶주림을 겪어야 했습니다. 제1물결은 수천 년 동안 인류 역사를 지배해 오다가 물질적 풍요를 가져다 준 제2물결에게 자리를 내주게 됩니다.

제2물결 _ 산업혁명

두 번째 부의 물결은 1600년대 말에 등장했습니다. 세계 곳곳에 엄청난 변화의 물결을 전파한 산업혁명을 나는 제2물결이라 이름지었습니다. 제2물결은 농업 시대의 전통적인 작업 방식이나 가치관 등과 충돌하면서 새로운 문명을 만들어 냈습니다.

곳곳에 공장과 도시가 들어섰으며, 기계의 발명으로 상품의 대량 생산¹이 가능해졌고, 소작농들은 도시 노동자로 변하게 되었지요. 교육의 기회도 확대되었습니다. 경제는 발달했고, 생활도 농경 시대보다 훨씬 편리해졌습니다.

농경 사회에서는 가족이 중요한 기능을 했습니다. 농사를 짓는 일터의 구성원이 곧 가족이었고, 대가족을 기반으로 모든 활동이 이루어졌습니다. 그런데 제2물결이 밀려와 농업 중심 사회에서 공업 중심 사회가 되면서 함께 모여 살던 대가족이 흩어지기 시작했습니다.

새로운 일자리를 위해 젊은 사람들이 공장 지역과 도시로 이주하면서 핵가족¹이라는 새로운 가족 제도가 생긴 것이지요.

제2물결은 표준화, 전문화, 집중화, 중앙 집권화 등 근대화의 다양한 형태를 이루며 산업 문명을 키워 나갔습니다. 산업혁명을 거쳐 비로소 자본주의 경제체제¹가 확립되었던 것입니다.

제2물결의 흐름을 먼저 맞아들인 선진 공업국들은 자원을 얻기 위해 주변 국가를 식민지로 삼기도 했습니다. 식민지를 강탈하기 위한 국가 간의 경쟁은 식민지 전쟁¹이라는 비극을 가져오기도 했지요.

또한 석탄이나 석유¹를 연료로 사용한 산업혁명은 지구의 환경을 오염시켰고 실업, 빈곤, 주택 부족, 도시화¹로 인한 과도한 인구 집중, 인간의 기계화 현상 등과 같은 여러 가지 사회 문제들을 낳았습니다.

제3물결 _ 지식혁명

　1950년대 중반부터 인류는 또 한번의 새로운 물결을 맞이했습니다. 지식혁명이라 불리는 제3물결이 짧은 시간 안에 획기적이고 놀라운 변화를 몰고 왔던 것입니다. 컴퓨터의 발명과 정보 통신 기술의 발달로 시작된 제3물결은 지금도 세계 곳곳에 폭발적으로 퍼져 나가고 있습니다.

　제3물결로 도래된 지식 정보화 사회에서는 지식과 기술이 부를 창출하는 새로운 시스템이 되고 있습니다. 그러니까 산업 시대의 경제 요소들, 즉 토지, 노동, 자본 등이 지식과 기술로 대체된 것입니다. 지식 정보화 사회에서는 새로운 정보와 지식의 교환과, 앞서 가는 기술 없이는 새로운 부가 창출될 수가 없습니다.

　제2물결 시대 경제의 핵심이던 제조업은 이제 단순하고 부가가치가 낮은 산업으로 취급되고, 그 대신 기획, 조사, 마케팅, 광고, 유통, 경영, 서비스 등의 창조적 산업들이 대접을 받으며,

여러 가지 중요한 변화를 일으키고 있습니다.

제1물결의 부 창출 시스템이 키우는 것(growing)을 주로 했다면 제2물결은 만드는 것(making)을 기반으로 했습니다. 제3물결의 부 창출 시스템은 서비스하는 것(serving), 아는 것(knowing), 경험하는 것(experiencing)을 기반으로 한다고 할 수 있습니다.

지식혁명은 사회의 모습을 완전히 바꾸어 놓고 있고, 과학 기술의 발전 역시 미처 상상하지도 못한 세상으로 우리를 이끌고 있습니다. 또한 새로운 가족 형태와 관료 체계를 벗어난 새로운 조직 형태가 생겨나고 새로운 직업이 속속 등장하는 등 우리의 삶은 점점 더 빠른 속도로 바뀌어 가고 있습니다.

그 변화 속에서 여러분은 매일매일을 살아가고 있습니다. 하지만 지금의 변화는 또 다른 시작에 불과하다는 것을 잊지 말기 바랍니다. 우리는 또다시 제4의 물결이라는 새로운 혁명에 휩쓸리게 될 테니까요. 미래의 새 물결은 지금도 거침없이 다가오고 있습니다. 그리고 누구도 그것을 막아 낼 힘은 없을 것입니다.

3가지 삶, 3가지 세계

세계의 역사는 이렇게 3가지 물결의 큰 흐름 속에서 발전해 왔고, 지금도 계속 변화하고 발전하는 중입니다. 하지만 모든 나라가 똑같이 이러한 변화를 겪고 있는 것은 아닙니다. 부의 물결은 세계 여러 나라에서 각각 다른 모습으로 전개되고 있지요.

아직도 아프리카의 농부들은 제1물결 시대에 조상들이 했던 방식 그대로 일하고 있습니다. 그런가 하면 제2물결과 제3물결을 동시에 겪는 나라도 있습니다. 또한 중국, 브라질, 인도 같은 나라에서는 3가지 부의 물결이 서로 뒤섞이면서 동시에 전개되고 있습니다.

이런 곳에서는 3가지 삶의 양식이 서로 충돌하며, 3가지 삶의 방식을 만들어 내고 있지요. 여러분의 이해를 돕기 위해 인도라는 나라의 예를 한번 들어 보겠습니다.

인도의 비하르 주에 사는 농부는 제1물결의 방식대로 농사를 짓고 자급자족하면서 살아갑니다. 그런가 하면 뭄바이의 공장 노동자들은 제2물결의 방식으로 살아가고 있지요. 또 벵갈루루에 사는 프로그래머는 제3물결의 방식으로 살아가고 있습니다. 그들은 인도라는 한 나라의 국민이면서도 서로 다른 부 창출 시스템 안에서 움직이면서 각자 다른 세계에서 살아가고 있는 것이지요.

지구라는 한 공간 속에서도 세계는 이렇게 제각각 다른 속도로 흘러가고 사람들은 각기 다른 방식으로 살아가고 있습니다. 때문에 도처에서 여러 가지 충돌이 발생할 수밖에 없습니다.

부의 미래는 이와 같은 문제를 어떻게 현명하게 다루느냐에 따라 결정될 것입니다.

미래를 좌우할 3가지 심층 기반

신문이나 텔레비전 뉴스를 보면 주식¹ 값이 오르고 내리거나 혹은 경제가 좋아지고 나빠지는 이유가 기반¹의 변화 때문이라는 이야기가 간혹 나옵니다. 기반이 어떻게 변하느냐에 따라 주식 값 또는 경제도 변한다는 말이지요.

그럼 기반이란 무슨 뜻일까요? 기반은 '기초가 되는 바탕' 또는 '사물의 토대'를 가리키는 말입니다. 예를 들면 공부를 잘하기 위한 기반으로는 무엇보다 튼튼한 체력을 꼽을 수 있겠지요. 건강한 몸과 마음이 갖추어져야 지구력을 가지고 열심히 공부할 수 있을 테니까요. 거기에다 지식의 습득에 필요한 언어 능력과 학습 내용을 이해할 수 있는 인지 능력, 그리고 본인 스스로 공부를 하겠다는 의지도 아주 중요합니다. 이런 요소들은 공부를 잘하기 위한 기반이라 할 수 있습니다.

앞에서도 이야기했듯이 부를 창출하는 시스템은 농업혁명과 산업혁명 그리고 지식혁명이라는 3가지 물결을 거치며 발전해 왔습니다.

농업에서 기반이 되는 것은 쟁기 같은 농기구일 것이고, 산업의 기반
은 공장의 조립 라인이며, 지식혁명의 기반은 컴퓨터나 인터넷 같은
것이 되겠지요.

이처럼 하나의 물결이 몰려올 때마다 부를 이루는 기반은 그 성격이 전혀 다르게 변화해 왔습니다.

그럼 앞으로는 과연 어떤 기반에 기준을 맞추어야 할까요? 그 해답을 풀려면 문화와 문명 그리고 경제체제에 상관없이 항상 중요하게 여겨졌던 기반부터 찾아야 할 것입니다. 과거와 현재의 모든 발전 단계에서, 또 서양이건 동양이건 구별 없이 모두에게 중요한 기반을 말입니다.

경제학자들이 말하는 기반이란 인플레이션', 금과 석유의 가격, 예산, 수출, 부채' 수준 등 주로 수치로 나타낼 수 있는 것들입니다. 하지만 나는 그 수치 아래에 있는 시간, 공간, 지식 등이야말로 지금의 경제를 움직이는 기반이라고 생각합니다. 이 3가지 기반이야말로 모든 발달 단계에서 그리고 어떤 경제체제에서나 가장 중요하고도 근원적인 기반이라 생각하기 때문입니다.

사람들이 말하는 피상적인 기반과 구분하기 위해 나는 이것을 심층 기반(deep fundamental)'이라고 부르겠습니다. 이 3가지 심층 기반이 어우러져서 혁명적인 미래의 부가 만들어질 것이라고 나는 확신합니다. 자, 그럼 지금부터 부의 미래를 좌우할 3가지 심층 기반에 대해 좀더 자세히 알아보기로 하겠습니다.

앨빈 토플러 박사가 들려주는 미래학 특강

03

새로운 시간의 풍경

누가 가장 빠르게 달릴까?

여기 고속도로가 있습니다. 이 고속도로는 신호등이 없고 제한 속도가 없어 아주 빨리 달릴 수 있습니다. 그런데 오늘따라 오토바이를 타고 나타난 경찰들이 달리는 차에다 가끔 속도 측정기를 들이대는 군요. 너무 빠르게 달리다 보면 사고가 일어날 위험도 있고, 또 어떤 자동차가 가장 빠르고, 어떤 자동차가 가장 느림보인지 조사해 보라는 지시도 있었나 봅니다.

그럼 우리도 저 경찰들과 함께 고속도로에서 달리는 자동차의 속도를 한번 측정해 보기로 합시다. 우리가 측정할 자동차의 모델은 바로 미국의 주요 기관과 조직들입니다(미국의 경우긴 하지만 그 의미는 세계적으로 비슷할 것 같습니다).

9대의 자동차가 고속도로를 달리고 있습니다. 그 자동차들의 속도를 재 보겠습니다. 자동차의 속도는 바로 '변화의 속도'입니다.

저기 가장 먼저 달려오는 자동차가 보입니다. 쉬익 쌩! 속도 측정기에 찍힌 속도가 얼마일까요? 시속 160킬로미터! 정말 엄청난 속도입니다. 이렇게 빠른 속도로 달려온 자동차는 다름 아닌 기업입니다. 기업은 변화에 제일 민감하고, 제일 먼저 변화해 왔으며, 제일 앞서 가는 조직입니다. 치열한 비즈니스 세계의 경쟁에서 살아남으려면 신속하게 변화하면서 가장 빠르게 달릴 수밖에 없지요. 기업은 그들의 상품과 기술, 고객과의 관계 등을 발전시키기 위해 지금도 가속 페달을 밟으면서 쏜살같이 질주하고 있습니다.

그다음 차의 속도도 만만치 않습니다. 시속 140킬로미터나 되는군요. 그런데 이 차에는 사람들이 아주 많이 타고 있습니다. 도대체 어떤 조직이길래 이처럼 여럿이 한 차에 올라타 있을까요?

이 자동차는 바로 시민 단체'입니다. 다른 말로 하면 NGO(Non Governmental Organization), 즉 비정부기구라고도 하지요. 시민 단체들은 집단적으로 견해를 만들어 내야 하기 때문에 이렇게 많은 사람이 타고 있는 것입니다.

예를 들면 미국의 환경 운동가들은 핵 발전소 건립을 반대하기 위해 시위를 벌이고 법정 소송까지 합니다. 일단 공사를 지연시키는 것이 그들에게는 무엇보다 다급하기 때문입니다. 소송으로 시간이 자꾸 지연되다 보면 결국에는 비용의 증가로 인해 두 손을 들 수도 있을 테니까요. 따라서 이들 단체에게는 무엇보다 시간이 가장 강력하고 경제적인 무기입니다.

NGO가 주도하는 운동들은 작은 단위로 구성되며 인터넷 등을 통한 네트워크로 조직이 이루어집니다. 그렇기 때문에 아주 탄력적이고 빠르게 움직일 수 있는 것입니다.

세 번째 차가 달려오는 것이 보입니다. 이 자동차의 속도는 시속 95킬로미터. 너무 빠르지도 않고 그렇다고 결코 느리지도 않은 적당한 속도입니다. 이 차의 탑승자들은 바로 가족입니다.

가장 보수적이고 늦게 변화하는 사회 조직에 속했던 가족이 3등으로 달리다니 정말 놀라운 일이죠. 가족이 이렇게 비교적 빠른 속도를 내게 된 것은 불과 수십 년 만의 일입니다.

오늘날 미국의 가정은 일을 포함해서 많은 기능을 집 안으로 끌어들이고 있습니다. 인터넷과 디지털 혁명으로 집에서도 재택 근무를 할 수 있게 되었고 쇼핑과 주식 거래, 은행 업무도 집에서 할 수 있게 되었지요. 뿐만 아니라 가족 형태와 자녀 양육, 세대간의 관계 등 여러 가지 가정 생활의 모습들이 급속도로 달라지고 있습니다.

느림보 고물 자동차의 정체

3대의 자동차가 지나가고 난 후 조금 기다리니 네 번째 차가 오는 게 보입니다. 어디 한번 이 차의 속도를 재 볼까요? 이런, 시속 50킬로미터밖에 안 나오는군요. 이 정도면 고속도로에서 짐을 잔뜩 싣고 달리는 화물차보다도 느린 속도입니다.

이 차의 주인은 바로 노동조합입니다. 여러분도 가끔 노동조합이 주도하는 파업이나 시위를 텔레비전에서 본 적이 있을 것입니다.

미국의 노동조합은 지금도 1930년대 대량 생산 시대의 조직이나 방법, 모델을 그대로 지키고 있습니다. 그러니 빠른 속도로 변화하고 있는 기업에 비해 뒤처질 수밖에 없지요. 구태의연한 길을 걷고 있는 노동조합이 살아남기 위해서는 새로운 형태와 빠른 속도의 변화가 필요합니다.

노동조합의 뒤를 이어 시속 40킬로미터의 속도로 다가오는 저 자동차는 바로 정부 관료 조직입니다. 미국식품의약국(FDA)이 새로운 의약품을 시험하고 승인하는 데는 아주 오랜 시간이 걸립니다. 그동안 병으로 고통받는 환자들은 그 의약품이 시판되기를 기다리다가 세상을 떠나게 되기도 하지요. 이처럼 정부 관료 조직은 하나의 사안을 결정하는 데 너무 오랜 시간을 들이면서 느릿느릿 가고 있습니다.

관료 조직이 탄 자동차가 지나가고 난 후 타이어가 펑크 나고 라디에이터에서 흰 연기가 뿜어져 나오는 자동차가 덜덜거리며 나타납니다. 이 차의 속도는 겨우 시속 15킬로미터에 불과합니다.

이 부서진 고물 자동차의 정체는 놀랍게도 학교입니다. 산업 시대의 공장과 비슷한 형태로 만들어진 학교는 아직까지 지식혁명 시대에 맞는 속도를 따라오지 못하고 있습니다. 공장처럼 대량 생산에 맞게 가동되면서 물건을 찍어 내듯 인력을 양성하고 있는 곳이 바로 오늘날의 학교입니다.

이런 현상은 미국뿐 아니라 다른 나라의 학교들도 마찬가지일 겁니다. 이렇게 15킬로미터로 기어가는 교육 체계가 160킬로미터로 달리는 기업에 취업하려는 학생들을 잘 준비시킬 수 있을까요?

하지만 이보다 더 느린 차들도 있습니다. 학교 뒤로 나란히 나타난 3대의 자동차는 각각 시속 8킬로미터, 5킬로미터, 1.5킬로미터의 아주 느린 속도로 기어오고 있습니다. 보통 사람이 걷는 속도를 시속 4킬로미터로 본다면, 이 차들이 얼마나 느린지 알 수 있겠죠.

시속 8킬로미터는 국제연합(UN)', 국제통화기금(IMF)', 세계무역기구(WTO)'와 같은 국제 기구'이고, 시속 5킬로미터는 정치 조직입니다. 대부분의 국제 기구들은 반세기 전인 제2차 세계대전' 직후에 구성되었으므로, 이들의 조직 구조와 활동 역시 예전 그대로입니다. 가장 빠르게 변할 것 같은 정치 조직 역시 이처럼 속도가 느린 것은 현재의 정치 시스템이 지식 기반 경제의 엄청난 속도와 복잡성을 다룰 수 있도록 설계되어 있지 않기 때문입니다.

느림보 중에서도 맨 꼴찌인 자동차는 바로 시속 1.5킬로미터로 움직이고 있는 법입니다. 흔히들 '법은 살아 있다'고 합니다. 그래야 사회의 정의도 지켜질 테니까요. 하지만 법은 급변하는 현실을 제대로 반영하지 못하면서 간신히 목숨만 유지하고 있을 뿐입니다.

법은 언제나
그 자리에!

법도 끊임없이 변화하고 있습니다. 사회의 변화에 따라 기본 법규에 새로운 해석을 추가하기도 하고 새로운 법률을 만들기도 하니까요. 하지만 이런 변화는 법 전체를 놓고 보면 아주 미미한 정도입니다. 물론 법은 천천히 변하면서 지나치게 빠른 사회 경제적인 변화에 제동을 걸어야 하지만 지금 미국의 법들은 변화의 속도가 느려도 너무 느리다는 게 문제입니다.

현재 미국에는 약 2억 5,000만 개의 주식 계좌와 약 7조 달러(한화 약 7,000조 원)의 돈을 운영하는 8,300개 이상의 뮤추얼 펀드가 있습니다. 그런데 이런 엄청난 돈을 관리하는 법이 언제 제정되었는지 아세요?

웃지 마세요. 지금으로부터 무려 60여 년 전인 1940년에 제정되었습니다. 이때는 30만 개 미만의 주식 계좌와 68개의 펀드, 그리고 전체 금액도 4,800만 달러에 불과했습니다. 그때 제정된 법으로 오늘날 엄청나게 불어난 주식을 관리하는 셈이지요.

또 1997년에는 윈도(Windows) 시스템을 개발한 마이크로소프트사가 불미스런 수단으로 PC 운영 체제 시장에서 독점적인 지위를 누린다고 해서 법정 소송이 제기되었습니다. 그러나 재판이 시작되고 이 문제를 해결하는 데 거의 10년이 걸렸습니다. 10년이라는 시간은 기술의 발달 속도로 볼 때 소송의 쟁점 자체가 무의미해져 버릴 수밖에 없는 시간이죠.

 이밖에도 저작권[|], 특허권[|], 사생활 보호와 같은 분야의 주요 법들도 모두
시대에 뒤처져 있습니다. 법과 법조계 사람들은 일하는 방식을 바꿔 가고 있
지만 법 자체는 여전히 제자리걸음이랍니다.

속도를 맞춰라!

여러분이 직접 고속도로에서 속도를 측정해 보니 어떤가요? 고속도로를 함께 달리고 있기는 하지만 각 기관과 조직의 속도 차이가 매우 크다는 것을 알게 되었을 것입니다.

선진 경제를 건설하기 위해서는 선진 사회가 먼저 필요합니다. 경제는 그 사회의 제도들에 의해 영향을 받으니까요. 그런데 세계 어디서나 보수적이고 관료적인 법과 제도들은 산업 발전을 가로막아 왔습니다. 가장 꼴찌로 변화하는 사회 제도와 정책들이 가장 빠르게 달려 나가려는 기업의 발목을 잡고 있는 셈이죠.

경제 발전에 한창 가속도를 내고 있는 나라가 법과 제도들이 느릿느릿 뒤처져 있다면 부의 창출은 제한될 수밖에 없습니다. 바로 이러한 속도의 충돌 때문에 발전은 더디게 진행되고 나라 간에도 큰 격차가 생기게 되는 것입니다.

따라서 속도의 충돌은 오늘날 모든 나라가 직면해 있는 문제이자 빠른 시간 안에 해결해야 할 과제라고 할 수 있습니다.

역사적으로 경제 생산성을 높이기 위해서 속도를 같이 맞추는 것은 아주 중요한 역할을 해 왔습니다. 예를 들어 볼까요.

어부들은 고기를 잡으면서 수천 년 동안 함께 노래를 불러 왔습니다. 서로 그물을 끌어당기는 속도를 맞추면 더 쉽게 고기를 잡을 수 있기 때문입니다. 어부들은 노래의 리듬에 맞춰 그물을 끌어당기고

숨을 고르고 하면서 협업을 해 왔던 것입니다.

또한 원시 부족들은 집단적으로 춤을 추면서 협동심과 함께 사냥의 효율성을 높였습니다. 군무를 추면서 목표물을 향해 동시에 덤벼드는 연습을 해 두어야 사슴이나 멧돼지를 쉽게 잡을 수 있었기 때문입니다.

농경 사회에서는 농번기에는 모두 같이 땀 흘려 일하고 농한기에는 느긋한 시간을 보내면서 함께 여유를 가지곤 했습니다.

그러므로 속도를 맞추는 일, 즉 동시화(synchronization)는 경제에 있어서 아주 중요합니다. 하지만 사회의 구성원들이나 각 기관들이 똑같이 속도를 맞추기란 매우 힘든 일입니다. 자, 그럼 동시화에 대한 이해를 돕기 위해서 도쿄에 사는 한 가족을 함께 만나 보기로 합시다.

딸의 생일을 맞아 아빠가 오랜만에 가족들에게 맛있는 초밥 전문점으로 외식을 하러 가자고 합니다. 때는 토요일 오후 6시경, 그런데 지갑을 열자 현금이 하나도 없고 은행의 현금 자동 입출금기(ATM)는 작동이 멈춰 있었습니다. 어떻게 되었을까요? 아쉽게도 가족들은 모처럼 계획했던 외식을 포기할 수밖에 없었겠지요.

이것이 각 기관들이 똑같이 속도를 맞추지 않아 발생한 문제입니다. 식당들은 24시간 내내 문을 여는 곳이 늘어나는데, 은행들은 정해진 시간에 문을 닫아 버립니다. 즉 외식 업체들은 빠른 속도로 달리는데 은행은 언제나 같은 속도로 달리기 때문에 생기는 문제였던 것이죠.

이런 변화 속도의 불일치로 한 가족은 외식을 못 하는 불편을 겪었지만, 이것이 기업, 나아가 나라에까지 미치면 문제는 훨씬 더 심각해집니다.

빠르게 변화하는 사회에서 시간을 잘 다루지 못해서 생기는 문제는 한 나라의 경제는 물론 세계 경제에도 막대한 손해를 끼칠 수 있습니다. 때문에 시간을 조절하는 문제는 더욱 중요해지고 있으며, 속도의 불일치를 해소하고자 하는 동시화 산업¦은 그래서 더욱 급속하게 성장하고 있습니다.

사람들은 음식점 영업 시간과 은행 업무 시간 사이의 틈을 메우기 위해 새로운 IT(Information Technology)¦ 시스템이 필요하다고 느끼게 되었습니다. 그래서 24시간 현금 자동 입출금 서비스와 인터넷 뱅킹이 등장하고 신용 카드와 휴대폰으로 돈을 대신 지불하는 시스템이 등장할 수 있었던 것입니다.

이처럼 동시화를 필요로 하는 사람들을 만족시키기 위해 각종 공급 업체와 유통 업체, 서비스 업체 등 동시화 산업은 갈수록 확대될 것입니다. 하지만 동시화 문제는 점점 더 어려워지고 있습니다. 시간을 사용하는 방식이 사람마다 모두 다르고 불규칙하기 때문입니다.

부의 심층 기반인 시간을 다루는 방식이 변하고 있습니다. 시간의 차원에서 일하고, 생각하고, 취미 생활을 찾는 방식이 다시 한번 크게 바뀌고 있는 것입니다. 농업혁명의 시대에서 산업혁명의 시대로 들어서면서 그랬던 것처럼 말이죠. 우리는 이 변화를 이해해야만 시간의 압력으로부터 자유로워지고 미래의 부를 만들어 낼 수 있을 것입니다.

나만의 맞춤 시간

미래 도시의 모습이 궁금한 사람들에게 나는 브라질의 쿠리티바라는 도시에 대해 얘기해 주고 싶습니다. 브라질 남동부에 위치한 쿠리티바는 지상 최고의 환경 도시이자 국제연합에서도 인정한 꿈의 생태 도시입니다.

나는 한밤중에 전임 쿠리티바 시장이었던 자이메 씨와 함께 '24시 거리'로 나간 적이 있습니다. 처음에 간 곳은 깔끔한 커피숍과 레스토랑들이 불을 밝히고 있는 거리였는데, 그 거리를 가득 메우고 있던 젊은 남녀들은 모두 '자이메'의 이름을 외치며 손을 흔들거나 미소를 지었습니다.

다음 거리는 병원, 치과, 법률 사무소 등이 모여 24시간 전문 서비스를 제공하는 곳이었습니다. 그다음 거리로 가니 주민들이 언제라도 편한 시간에 민원 업무를 해결할 수 있는 24시간 정부 관청이 자리잡고 있었습니다.

미래의 도시는 바로 쿠리티바처럼 24시간 거래 시스템을 갖춘 도시가 될 것입니다. 요즘 미국에서도 호텔 비즈니스 센터는 물론이고 신문 인쇄소까지 24/7 영업이 빠르게 확산되고 있습니다. 24/7 영업이란 하루 24시간, 한 주 7일간 모두 문을 여는 연중 무휴 영업 방식을 뜻합니다.

여러분이 살고 있는 한국도 슈퍼마켓이나 미용실, 소매점들의 문 닫는 시간이 점점 늦어지고 있을 것입니다. 또 일부 대형 할인점에서

편의점, 현금 자동 입출금 코너, 대형 할인점, 음식점 등은 24시간 영업을 하면서
사람들에게 연중 무휴의 서비스를 제공하고 있다.

는 24/7 영업도 하고 있습니다.

이처럼 24/7의 연중 무휴로 일하는 시대가 오면 직장의 근무 형태는 과연 어떻게 변할까요?

현재 미국에는 3,300만 명의 프리에이전트', 즉 자유직 근로자가 있습니다. 미국 노동력의 4분의 1에 해당하는 수이지요. 이들은 정해진 근무 시간에 구애받지 않고, 자기 마음대로 시간을 조절하며 일을 하는 사람들입니다.

일반 회사원들은 일정 시간의 노동에 대한 대가로 돈을 법니다. 그러나 자유직 근로자들은 시간이 아닌 업무의 기준에 의해 돈을 벌고 있습니다. 예를 들면 잡지사 직원으로 근무하는 기자는 오전 9시부터 오후 6시까지 근무를 하면서 정해진 연봉을 받는 데 비해 프리랜서' 기자의 경우, 기사 1건을 쓰면 그에 맞는 원고료를 받습니다.

때문에 낮에 하루 종일 놀다가 밤늦게 기사를 작성해도 됩니다. 하루에 기사 5건을 작성해도 되고 1건도 쓰지 않아도 됩니다. 즉 시간에 구애받지 않고 자신이 편한 대로 일을 하되, 일한 만큼의 돈만 받는 것입니다.

이와 같은 재택 근무자들은 자신이 선택한 시간에 산책을 하러 가거나 식사를 할 수 있습니다. 쇼핑이나 은행 업무, 주식 투자 등 온라인을 통해 할 수 있는 경제 활동도 마찬가지입니다. 자신의 스케줄대로 언제든지 시간을 조절할 수 있으니까요.

이제는 지식이 노동의 가치를 좌우하는 시대입니다. 때문에 작업 시간도 획일적인 시간에 따를 필요가 없습니다. 기발한 아이디어가 생각나는 시간을 누가 미리 정해 놓을 수 있겠습니까? 새벽에 혹은 한밤중에도 문득 좋은 아이디어가 떠오를 수 있는데 말입니다.

또 집뿐만 아니라 기차, 비행기, 레스토랑, 호텔 등에서도 업무가

하루는 언제나 24시간이지만…

농경 사회에서는 시간이 자연의 변화에 순응하면서 천천히 흘렀다. 노동 시간을 돈으로 환산해 월급을 받지는 않았지만 수확철이 되면 소작인들은 지주로부터 생산물의 일부를 받을 수 있었다.

그런데 산업혁명은 시간의 개념과 속도조차 바꿔 놓고 말았다. 공장에서는 노동자들이 얼마나 오래, 얼마나 빠르게 작업하는지 수없이 체크했고 시간 당으로 임금을 지급받으면서 모두가 시간에 얽매이게 되었던 것이다. 제 3물결이 밀려와 정보와 지식 경쟁이 치열해지면서 사람들은 갈수록 시간 의 압박에 시달리며 스트레스를 받고 있다. 점점 더 빠른 속도로 점점 더 많은 정보를 처리하면서 사람들은 느린 것을 견디지 못하고 기다리는 것을 싫어하게 되었다.

이러한 초고속 시대의 시간의 가속화 현상은 일터뿐 아니라 사람들의 일상 생활까지 지배하고 말았다. 그래서 조급증과 빨리빨리병에 중독된 사람들 을 위한 각종 산업과 서비스들이 생겨나는가 하면, 또 역으로 속도를 견디 기 힘든 사람들을 위해 느림의 가치를 얘기하는 책과 전문 치료사도 생겨 나고 있다.

가능하기 때문에 사람들은 여기저기 여행하면서 자신만의 스케줄을 짤 수 있게 되었습니다. 조직의 규격화되고 획일화된 시간의 지배를 받는 것이 아니라 개개인마다 자기에게 맞는 맞춤형 시간을 관리할 수 있게 된 거죠. 한마디로 개인이 자기 시간의 주인이 될 수 있는 세상이 된 것입니다.

어떤 학자들은 시간을 정확하게 지키는 태도가 변한 것은 휴대 전화의 보급과 관련이 있다고도 합니다. 전화로 순간순간 양해를 구할 수 있기 때문에 시간을 꼭 지켜야 한다는 생각이 엷어졌다는 거죠.

하지만 진짜 원인은 공장의 조립 라인이 감소하고 있기 때문이라고 봅니다. 조립 라인에서는 1명의 근로자가 늦으면 같은 라인의 다른 근로자들 역시 속도가 함께 느려질 수밖에 없었습니다. 따라서 항상 동시에 작업을 할 필요가 있었죠. 그것이 바로 시간을 엄수해야 한다는 가치관과 태도를 만들어 냈던 것입니다.

하지만 오늘날에는 시간은 더욱 중요해졌지만, 획일화된 시간을 똑같이 지켜야 할 필요성은 줄어들고 있습니다.

지금까지 살펴보았듯이 부의 심층 기반인 시간과 인간의 관계가 혁명적으로 바뀌고 있습니다. 이러한 변화로 인해 우리의 삶은 엄청나게 달라지고 있으며, 변화의 속도는 점점 더 빨라질 것입니다. 그러나 이 정도가 끝이 아니라는 것을 여러분도 잘 알고 있으리라 생각합니다.

앨빈 토플러 박사가 들려주는 미래학 특강

두 번째 심층 기반 _ 공간

04

공간의 확장

지구를 한 바퀴 빙 도는 부의 이동

시간과 인간의 관계가 변하듯이 공간과 인간의 관계도 변하고 있습니다. 오늘을 사는 모든 사람과 기업 그리고 국가는 공간적으로도 하루가 다르게 큰 변화를 겪고 있지요.

가장 큰 변화로는 인터넷과 교통의 발달로 인해 지구가 하나의 마을에 비유될 만큼 좁아진 것을 들 수 있겠습니다. 그리고 사이버 공간이라는 특수한 공간을 사용하는 것도 큰 변화 중에 하나일 것입니다.

세계화(globalization)로 인해 국경의 의미가 점차 사라지고 비즈니스나 시장뿐 아니라 직업조차도 세계를 무대로 하게 되면서 한 개인이 선택할 수 있는 공간의 범위는 더욱 넓어지고 있습니다. 현실과 가상의 공간이 뒤섞이고, 우리가 살고 있는 지구라는 일정한 공간이 좁아지면서도 동시에 넓어지고 있으니 참으로 복잡하기 그지없습니다. 뿐만 아니라 부가 창출되는 장소도 바뀌고 있으며, 부의 지리적인 이동도 역사상 유례없이 빠른 속도로 이루어지고 있습니다.

자, 그럼 부의 이동을 이야기하기 전에 오래전 중국에서 있었던 사건을 얘기해 줄까 합니다.

흔히 과학 기술의 발달은 서양에서 시작되었다고 생각합니다. 동양에 사는 여러분도 아마 대부분 그렇게 생각하고 있을 것입니다. 하지만 불과 5세기 전만 하더라도 중국의 기술은 유럽과는 비교할 수

조차 없이 발달해 있었습니다. 또 전 세계의 경제적 생산량만을 따져 보아도 아시아가 65퍼센트를 차지할 정도로 세계를 주도하고 있었 지요.

여러분은 혹시 정화의 원정대에 대해 들어 본 적이 있습니까? 정 화는 중국 명나라 때의 장군으로 함대를 이끌고 전 세계의 바다를 탐 험하였습니다. 명나라 3대 황제였던 영락제의 명을 받고 대규모 해 상 원정을 하였던 것이지요.

정화 원정대

1405년부터 1433년까지 28년 동안 일곱 차례에 걸쳐 단행된 정화 함대의 대항해는 시기와 규모에 있어서 단연 세계사적인 사건이었다. 포르투갈 함 대가 아프리카 희망봉을 돌아 인도 고아에 이른 1510년보다 1세기 가까이 앞섰으며, 함대 규모에서도 비교가 되지 않을 정도였다.

포르투갈 원정대는 겨우 3척의 배로 구성됐으며, 가장 큰 배가 120톤에 길 이는 약 27미터에 달했고, 참가 인원도 160명에 지나지 않았다. 이에 비해 정화 함대의 규모는 실로 엄청났다. 1405년에 나선 1차 원정 때는 62척의 배와 2만 7,800명, 제7차 원정 때에는 2만 7,550명이 참가하는 대규모의 원정이었다.

정화 원정대는 28년 동안 동남아시아에서 아프리카 동해에 이르는 30여 국 을 돌며 명나라 황제를 섬길 것을 요구하였고, 무역을 통해 실리를 얻었다. 주로 명나라의 면직물과 도자기를 다른 나라의 향신료 및 특산물과 교환하 는 무역을 했는데, 이로써 중국의 문화가 해외에 널리 확산될 수 있었다.

그의 함대는 인도양을 거쳐 페르시아 만과 오만, 사우디아라비아의 제다와 아프리카 소말리아의 모가디슈에 이르기까지 장장 1만 5,000마일의 뱃길을 항해했습니다. 이는 당시 중국의 조선술과 항해술 등의 기술력이 얼마나 뛰어났는지 잘 보여 주는 사례입니다.

그 후 부의 중심이 동양에서 유럽으로 이전된 것은 두 세기 반이나 지나고 나서였습니다. 영국에서 시작된 산업혁명이 제2물결을 일으키고, 이로 인해 과학 기술과 정치, 경제, 군사적인 힘의 중심이 점차 유럽으로 이동하게 된 것입니다. 그러나 부의 이동은 거기에서 멈추지 않았습니다.

유럽에서 일어난 두 차례의 세계대전으로 유럽의 전성시대는 막을 내렸고, 19세기 말에 이르러 부의 중심은 점차 미국으로 향했습니다. 부는 동양에서 유럽으로 옮아간 후 다시 대서양을 건너 미국에 이르게 된 것이지요. 20세기는 '미국의 세기'라고 할 만큼 미국은 세계 경제에서 지배적 위치를 차지하고 있었으며, 21세기인 오늘날에도 마찬가지입니다.

하지만 부의 이동은 지금도 계속되고 있습니다. 지난 수십 년 동안 부의 이동은 다시 아시아 쪽으로 향하고 있습니다. 처음에는 일본으로, 그다음에는 한국과 같은 신흥 공업국으로, 다시 중국과 인도로, 지금 이 순간에도 역동적으로 움직이고 있는 것입니다.

21세기 부의 중심, 아시아

중국은 공산주의 국가이면서도 1990년대부터 닫힌 문을 활짝 열어 해외 투자를 받아들였습니다. 그 결과 지난 2003년에는 해외 직접 투자액이 535억 달러에 이르러, 미국보다 더 많은 금액을 기록하였습니다. 또 같은 해 중국이 세계 시장에 수출한 액수는 총 4,361억 달러나 되었고, 국내총생산(GDP)¹은 6조 5,000억 달러였습니다. 몇십 년 전과 비교하면 정말 엄청난 성장을 이룬 것입니다.

부의 중심이 아시아로 옮겨 오고 있다는 증거는 GDP의 비교에서도 잘 드러납니다. 2003년 한국과 싱가포르, 대만, 중국의 총 GDP는 유럽의 5개 경제 대국인 독일, 프랑스, 영국, 이탈리아, 스페인의 총계와 거의 맞먹었습니다. 거기에 일본과 인도까지 포함하면 6개 아시아 국가의 총 GDP는 유럽연합(EU)¹의 25개국보다 3조 달러가 많으며, 이는 미국보다도 많은 액수입니다.

2050년이 되면 세계 인구의 절반 이상, 세계 경제의 약 40퍼센트, 세계 정보 기술 산업의 절반 이상, 세계 일류 수준의 첨단 군사력이 아시아에 있을 것이라고 예상하는 학자도 있습니다.

우리는 이처럼 세계 지도상에서 부의 중심이 이동하는 것을 목격하고 있습니다. 중국에서 유럽으로, 유럽에서 미국으로 이동한 부의 중심이 이제 수 세기 전에 경제 강자의 자리를 내준 아시아로 다시 돌아오고 있는 것입니다. 역사의 거대한 수레바퀴가 지구를 한 바퀴 빙 돌아 다시 처음으로 돌아가고 있다고나 할까요?

이제 부를 만드는 심층 기반에 왜 시간과 함께 공간이 포함되었는지 이해할 수 있겠지요? 이처럼 부가 만들어지는 장소는 결코 고정되어 있지 않으며, 지금도 항상 변하고 있다는 것을 잊지 말기 바랍니다.

공간의 어제와 오늘 그리고 내일

미국 오하이오 주에 클리블랜드라는 도시가 있습니다. 산업 시대에 그곳은 제강 공장과 자동차 공장을 갖춘 상공업 중심지였습니다. 그러나 이제 클리블랜드는 미국에서 가장 가난한 대도시 중 하나가 되고 말았습니다. 그 이유는 제2물결에서 제3물결로 옮겨 가지 못했기 때문입니다. 예전의 번화했던 집과 거리들은 이제 수십 년 동안 이 도시가 뿜어낸 스모그와 연기로 인해 괴물처럼 시커멓게 변하고 말았지요.

그런데 이와 정반대의 도시가 있습니다. 중국 남부의 광저우가 바로 그곳이지요. 광저우는 10년 전만 해도 물소가 쟁기를 끄는 아주 가난한 곳이었습니다. 하지만 이제는 컴퓨터 칩, 장난감, 의류 공장들이 줄지어 들어서 있습니다. 다른 지방에서 수백만 명의 노동자들이 광저우 지역으로 일자리를 찾아 들어오고, 수백만 개의 새로운 직업이 생겨났습니다. 1인당 GDP도 지난 10년간 4배나 뛰었지요.

광저우는 이에 그치지 않고 이제 지식을 우선으로 하는 고부가가치[1] 생산을 목표로 쉬지 않고 달리고 있습니다. 정보 기술, 신소재, 생명 공학 등 첨단 기술 분야의 기업들이 줄지어 들어서면서 값싼 노동력을 바탕으로 하는 제조업의 시효가 끝난 뒤까지도 대비하고 있는 것입니다. 즉 제2물결에 안주하지 않고 제3물결을 향해 변화하고 있는 것이지요.

광저우가 이처럼 발전하는 것에 비해 멕시코의 일자리는 엄청나게 줄어들고 있습니다. 멕시코와 미국과의 국경 지역에는 한때 수많은 공장들이 생겨났습니다. 가구, 의류, 텔레비전 등을 조립하는 외국계 공장들은 멕시코 노동자들의 값싼 노동력을 끌어들여 140만 개의 새로운 일자리를 만들기도 했지요. 하지만 멕시코는 이제 새롭게 떠오르는 중국의 광저우와 같은 지역에 그 일자리들을 빼앗기고 있습니다.

왜 그렇게 된 걸까요? 이유는 멕시코보다 중국의 인건비가 훨씬 싸기 때문이고, 기업들은 당연히 인건비가 가장 저렴한 곳으로 가서 돈을 벌려고 하기 때문입니다. 이처럼 싼 노동 비용을 가지고 서로 경쟁하는 것을 하향 경쟁(race to the bottom)[1]이라고 합니다.

그런데 왜 아프리카로는 공장들이 옮겨 가지 않을까요? 아프리카는 지구상에서 가장 값싼 임금으로 풍부한 인력을 활용할 수 있는 곳인데 말입니다.

　사실 기업이 공장을 옮기려고 할 때 아무리 단순한 작업이라고 해도 값싼 노동 비용만을 쫓아가지는 않습니다.

　아프리카는 끊임없이 발생하는 폭동과 내란뿐 아니라 부패한 정권, 불충분한 도로와 전기 시설, 에이즈와 전염병 등등 기업이 공장 짓기를 꺼리는 많은 요인이 몰려 있는 곳입니다.

　또한 제조업 분야의 단순 작업에서는 값싼 노동 비용으로 경쟁을 하게 되지만, 앞으로의 지식 기반 산업에서는 높은 수준의 기술 경쟁이 더욱 치열해질 것입니다. 때문에 이제는 수준 높은 대학과 진보된 기술, 낮은 범죄율, 편리한 교통, 좋은 기후와 우수한 삶의 질을 자랑하는 지역이 유리해질 수밖에 없습니다. 그러니까 내일의 경제는 하향 경쟁이 아닌 고부가가치 생산을 목표로 하는 최상층 경쟁이 될 것입니다.

　이처럼 부의 세계 지도는 모든 것을 급격하게 바꿔 놓고 있습니다. 어느 지역, 어느 도시, 어느 국가가 고부가가치의 장소가 될 것인가 하는 기준까지도 말입니다.

춤추는 화폐

여러분은 숨쉬고 활동하고 있는 공간이 어느 정도의 넓이인지 생각해 본 적이 있나요? 집에서 학교까지의 거리는 얼마나 될까요? 여러분이 가장 멀리 가 본 곳은 어디인가요?

교통 수단의 발달로 요즘은 해외에 다녀오는 것도 아주 쉬운 일이 되었습니다. 그러나 옛날 사람들은 그렇지 못했습니다. 여러분이 지금까지 여행해 본 거리와 12세기 유럽의 소작농이 평생 이동한 거리를 비교해 보면 아마도 깜짝 놀랄 것입니다.

그 당시 소작농들은 대부분 태어나서 죽을 때까지 마을 밖으로 24킬로미터 이상을 벗어나지 못했습니다. 바쁜 농사일을 젖혀 두고 걸어서 그 이상의 거리를 여행할 일이 전혀 없었던 것이지요.

때문에 성지 순례 같은 종교 활동을 위해 먼 길을 여행한 이들을 제외하고는 24킬로미터가 그들의 한계였습니다. 한 사람의 소작농이 태어나 지구상에서 발을 디딘 땅의 넓이가 그만큼이었던 것입니다.

농경 시대의 사람들은 한 곳에 정착하지 않고 멀리 여행하기를 좋아하는 사람들을 좋은 시각으로 바라보지 않았습니다. 하지만 지금은 아주 달라졌습니다. 오늘날 국경을 넘어 여행하는 사람들은 연간 약 5억 명에 이릅니다. 5억이면 세계 인구의 8퍼센트에 해당됩니다.

현재 미국인들의 연간 평균 이동 거리는 약 1,600킬로미터에 달

합니다. 그중 대부분은 평균 왕복 37킬로미터를 운전하여 회사를 출퇴근하고, 집과 가까운 슈퍼마켓이나 은행을 다녀옵니다. 그러니까 12세기 유럽의 소작농이 평생 가 보지 못한 거리를 하루 동안 이동하고 있는 셈이지요.

휴가를 떠날 때는 그보다 훨씬 먼 곳으로 가고, 일 때문에 해외로 출장을 다니는 사람도 많습니다. 이처럼 한해 동안 자신이 여행한 곳을 꼼꼼히 따져 보면 개인마다 얼마나 이동했는지, 공간적인 범위를 알 수 있는 지도를 만들 수 있습니다. 그렇게 매년 지도를 그려 나가면 자신이 성장하면서 이동하는 거리가 얼마나 더 넓어지는지 확인할 수 있겠지요.

이런 지도 그리기를 기업이나 국가에 적용하면 개인보다 훨씬 다양하고 끝없이 변화한다는 것을 알 수 있습니다. 여러분이 갖고 싶어하는 고화질 렌즈를 탑재한 카메라폰을 예로 들어 보겠습니다.

카메라폰에는 미국에서 만든 프로세서와 중국의 회로기판, 한국의 컬러 디스플레이와 독일의 렌즈 그리고 오스트리아나 대만, 일본, 아일랜드 등에서 디자인한 칩이 들어 있습니다.

여러분은 기업이 하나의 제품을 만들기 위해 얼마나 많은 공간적인 이동 범위를 가지는지 아마 짐작조차 못 했을 것입니다.

국가도 마찬가지입니다. 한 국가가 경제 활동을 하기 위해서는 이웃 나라뿐만 아니라 전 세계 각지의 자원과 시장, 에너지, 아이디어, 정보 등을 필요로 합니다. 이처럼 개인뿐만 아니라 기업과 국가도 공간적인 범위에서 커다란 변화를 겪고 있습니다.

그리고 지구라는 공간 안에서 사람이나 상품만 이동하는 건 아닙니다. 돈도 나라에서 나라로, 은행에서 은행으로, 개인에서 개인으로 또는 인터넷 같은 전자 채널을 통하여 여행을 하고 있습니다. 개인의 공간적인 범위가 변하는 것처럼 각 나라의 돈도 엄청난 속도로 공간적인 범위를 변화시켜 가고 있는 것입니다.

파나마, 에콰도르, 동티모르 등 15개국은 이미 자기 나라의 돈을 버리고 달러를 공식적인 화폐로 정하고 있고 비공식적으로 달러를 사용하는 나라들도 늘고 있습니다.

달러(위)와 유로(아래)
(자료 제공 : 화동양행)

유럽의 여러 나라들도 1999년 1월부터 유로를 사용, 2002년부터 본격적으로 통용하여 돈의 국경 없는 이동도 가속화되고 있습니다.

이제 화폐도 공간적인 제약에서 벗어나 마치 탱고 춤을 추듯이 전 세계를 옮겨 다니고 있는 것입니다.

세계화가 뭐길래

오늘날의 공간적인 변화 중에서도 가장 중요한 것은 세계화라고 할 수 있습니다. 세계화는 '지구촌이 하나의 생활 단위가 되어 간다'는 의미입니다.

하나가 되어 가는 지구촌에서 줄로 그어진 국경의 의미는 점차 사라지고 있습니다. 앞서 얘기한 국경 없는 화폐의 이동뿐 아니라 사람들은 이제 수요와 공급에 의해 그어진 세계 경제의 테두리 안에서 살아가고 있는 것입니다.

그런데 세계화로 인해 사람들이 똑같이 획일화되는 것을 걱정하는 사람들이 많습니다. 이들은 각 국가나 민족마다의 고유한 개성이나 다양성을 잃어버리게 될까 우려하는 것입니다. 그러나 세계인이 함께 질병이나 가난을 퇴치하고, 인권과 환경 보호 등을 위해 결속하는 세계화는 바람직한 것이라 할 수 있습니다.

이처럼 세계화에 대한 논쟁은 세계화에 찬성하는 쪽과 반대하는 쪽, 이렇게 2가지로 나뉘어 있습니다.

찬성하는 쪽은 세계화가 모든 국가에 많은 기회를 제공해 줄 것이라고 주장하고 있습니다. 자유 무역과 통합된 세계 경제를 통해 가난을 해소하고, 민주주의를 창출하며 더 나은 세상을 만들 수 있다는 것입니다. 또한 세계의 모든 국가를 서로 가깝게 하고, 평화 공존 의식이 널리 퍼져 전쟁이나 무력 충돌도 일어나지 않을 것이라고 낙관

하는 사람도 있습니다. 그리고 앞으로 새로운 기술이 세계화를 더욱 부추길 것이라고 주장하지요.

그러나 반대하는 쪽은 세계화가 우리의 삶을 파괴할 것이라고 주장하며 세계화에 맞서는 시위 활동을 끊임없이 벌이고 있습니다. 그들은 대부분 자유 시장 경제의 중심지인 미국에 큰 반감을 가지고 있습니다. 시위 단체들 중에는 무정부주의자들도 있고 자연으로 돌아가자는 낭만주의자들도 있습니다.

한 가지 재미있는 점은 이처럼 세계화에 반대하는 단체들이 세계화된 기술인 인터넷을 사용하여 활동한다는 것입니다. 또한 이들의 활동이 세계적인 위성 시스템으로 전 세계에 보도되어 파급 효과를 갖는다는 점입니다.

그러니 세계화는 참으로 미묘하고도 복잡한 문제입니다. 게다가 또 한편에서는 극단적이고 국수적인 반세계화를 반대하며 대안 세계화 운동까지 펼치고 있으니 말입니다.

국수주의자들은 세계화로 인해 모든 문화가 획일화되고 민족의 특수성이 사라지게 될 것이라 생각했지만, 세계는 오히려 다양성을 인정하고 다른 문화를 존중하는 쪽으로 가고 있습니다. 그래서 가장 민족적인 것이 가장 세계적이라고들 하지 않습니까.

앞으로 우리가 부딪칠 문제는 획일성이 아니라 점점 더 가속화되는 혼란 속에서 살게 된다는 점일 것입니다.

가자! 우주 공간을 향하여

요즘 자동차를 타다 보면 길을 안내해 주는 내비게이션이 달려 있는 것을 흔히 볼 수 있습니다. 내비게이션은 100미터 전방에서 좌회전을 하라거나 지하 터널로 들어가라는 등 목적지를 정확하게 알려 줍니다. 뿐만 아니라 현재 자동차가 달리고 있는 속도와 정확한 위치까지도 화면에 표시하지요.

내비게이션은 어떻게 해서 그처럼 척척 길을 알려 줄 수 있을까요? 마치 하늘 위에서 자동차가 가는 길을 한눈에 보고 있기라도 한 것처럼 말입니다.

그렇습니다. 내비게이션의 원리는 위성항법장치(GPS)를 이용하여 하늘에서 자동차를 훤히 내려다보는 데 있답니다. 지구 표면의 2만 킬로미터 상공에서 시속 1만 4,000킬로미터의 속도로 도는 24개의 위성을 이용하는 것이 위성항법장치입니다. 내비게이션이 그처럼 정확한 것은 그 위성들 중 3개 이상으로부터 현재 자동차가 움직이는 위치를 실시간으로 제공받기 때문입니다.

땅 위를 달리는 자동차가 그처럼 멀리 떨어진 우주 공간으로부터 정보를 제공받고 있다니 정말 놀라운 일이지요. GPS는 우리 시대의 걸작 중의 하나라고 할 수 있습니다. 운전자뿐 아니라 군대, 선박 및 해운 업체, 은행 및 통신사들이 모두 이 GPS가 가져다 준 편리함의 혜택을 받고 있으니까요.

그런데 GPS가 공간적인 위치뿐만 아니라 정확한 시간 정보도 제공하고 있다는 사실은 잘 알려져 있지 않습니다. 우리가 현금 자동 입출금기에서 돈을 인출하거나, 또 친구에게 전화를 걸 때마다 데이터와 목소리가 동시에 통신망으로 흐릅니다. 그 통신망은 바로 GPS 타이밍을 기반으로 합니다. GPS 위성에는 3만 6,000년에 1초 정도의 오차를 갖는 수준의 정확한 원자 시계가 있습니다. 즉 우리가 현금 자동 입출금기나 전화기를 사용할 때마다 지구에서 2만 킬로미터나 떨어진 곳에 있는 기술이 응용되는 것입니다.

오늘날 투석으로 생명을 유지하는 미국의 25만 신장병 환자들이 자신도 모르는 사이에 미국항공우주국(NASA)의 도움을 받고 있다는 사실, 알고 있나요? 나사에서 개발한 우주 비행사들을 위한 투석액(신장의 유독 물질을 제거하는 약품)이 환자들의 생명을 이어 주고 있는 것입니다.

한편 나사로부터 기술이나 아이디어 사용을 허가받아 간 질환 환자들을 위한 치료법을 개발 중인 제약회사도 있습니다. 우주 과학 기술은 이뿐 아니라 뇌종양, 골다공증, 심장병과 시력 상실을 비롯하여 수많은 질병 치료에 희망을 주고 있습니다.

또한 우주 과학 기술은 환경을 보호하는 데도 중요한 역할을 합니다. 극지방의 오존과 에어로졸 양을 측정하는 것은 물론 남극과 북극에서 얼음이 녹는 속도 및 아마존의 생태 변화, 엘니뇨 현상 등 다

한국도 아리랑 2호ǁ에 이어 무궁화 위성ǁ 5호를 발사하는 등 항공 우주 산업 발전에 속도를 내고 있다.
사진은 2006년 8월 22일 무궁화 5호 발사 장면이다.(사진 제공 : KT)

양한 방면에서 연구를 하고 있으니까요.

이외에도 텔레비전 방송망이나 전화 및 인터넷 기업, 광고 업체, 금융 데이터 공급 업체 등 수많은 산업들이 직접적이거나 간접적으로 우주 과학에 의존하고 있습니다.

우주 과학 기술은 해를 거듭할수록 혁신적으로 발전하고 있으며 경제에 미치는 영향도 갈수록 커지고 있습니다. 그러나 아직은 그 잠재력 중에 아주 작은 일부만을 사용하고 있을 뿐입니다.

우주에는 무한한 에너지원과 자원이 있습니다. 앞에서 얘기한 부의 공간 이동 현상을 모두 합해도 지구가 아닌 다른 공간, 즉 우주로 나아가는 것만큼 부의 창출에 있어서 혁명적인 전환은 아마 없을 것입니다.

지금까지 인류는 땅이라는 공간을 기반으로 살아왔습니다. 인류가 우주를 향해 딛은 첫걸음은 그 전에는 상상에서나 가능한 일이었습니다. 그러나 지금은 우주라는 어마어마한 공간이 지구에 중대한 가치를 창출하고 있습니다.

게다가 우주로 향한 인간의 발걸음은 아직 시작에 불과합니다. 앞으로는 기술적인 부분뿐만 아니라 정신적인 부분까지 포함하여 더욱 혁명적으로 변해 가게 될 테니까요.

**네가 어디에 있는지
나는 다 알고 있다!**

지식 + 플러스

인류의 미래에 우주 공간이 얼마나 중요한지 아직은 실감하기 어려울 것입니다. 그래서 우선 위성항법장치(이하 GPS)를 이용한 기술이 앞으로 우리 생활에서 어떻게까지 적용될 수 있는지 예를 한번 들어 보기로 하겠습니다.

GPS 기술을 활용하면 앞으로는 모든 상품의 이동 경로를 쉽게 추적할 수 있게 됩니다. 상품 속에 내장된 칩이 공장에서 도매점으로, 다시 소매점 진열대에서 소비자의 집으로 움직이는 마지막 지점까지 알려 주기 때문입니다. 마치 자동차가 지금 어느 도로를 달리고 있는지 알려 주는 내비게이션처럼 말입니다.

미국의 월마트나 K마트 같은 기업들은 이미 이에 대한 시범적인 추적 시스템을 연구하고 있습니다. 추적 시스템이 일반화되면 식품의 경우, 포장 기술의 발달과 함께 운반 도중에 내용물을 가공 처리하는 상품까지도 등장하게 될 것입니다.

오늘날 대부분의 항공기들은 지상에서 보내는 전파 표지를 보면서 정해진 항공로를 날아다닙니다. 하지만 GPS 관제 시스템을 활용하면 외딴 곳의 작은 공항은 물론 현재는 착륙 불가능한 조건을 가진 곳도 갈 수 있을 뿐 아니라 지상 기반 시스템을 이용하는 것보다 비용도 훨씬 적게 들게 될 것입니다.

또 미국을 비롯해 전 세계의 위험이 되고 있는 테러범들도 GPS 기술을 통해 쉽게 잡을 수가 있을 것입니다. 알 카에다'의 테러리스트들을 태우고 예멘

사막을 달리는 자동차를 단번에 추적할 수 있기 때문입니다.

    하지만 여러분이 그리 좋아할 일은 아닐지도 모릅니다. 만화책이나 게임 CD를 몰래 숨겨 놓은 곳도 쉽게 들통날 테고, 또 학원에 가지 않고 어디에서 놀기라도 하면 금방 들키고 말 테니까요.

앨빈 토플러 박사가 들려주는 미래학 특강

05

세 번째 심층 기반 _ **지식**

미래의 석유, 지식

쓰면 쓸수록 늘어나는 것은?

시간과 공간에 이어 또 하나 주목해야 할 것은 바로 지식입니다. 오늘날 부의 창출은 점점 더 많이 지식에 의존하고 있습니다. 많은 사람이 지식을 미래 경제의 석유라고까지 말할 정도니까요. 이 말은 앞으로 지식이 석유처럼 중요할 뿐 아니라 사회의 발전을 이끄는 원동력이 된다는 의미입니다.

석유는 현대 경제를 이끌어 가는 원동력입니다. 공장과 자동차를 움직이게 하고 전기를 만들어 내는 석유가 없다면 아무리 힘 있는 국가라도 더 이상 발전할 수 없을 것입니다. 그래서 전 세계의 모든 국가는 석유를 조금이라도 더 확보하기 위해 치열한 경쟁을 벌이고 있습니다.

하지만 지식과 석유 사이에는 큰 차이점이 있습니다. 석유는 쓰면 쓸수록 줄어들지만 지식은 사용할수록 더 늘어나고 또 새롭게 창조된다는 점이지요. 매장량이 한정되어 있는 석유와는 달리 지식은 무한하기 때문입니다.

또 석유는 땅과 바다 속에 얼마나 파묻혀 있는지 그 양을 대략 헤아릴 수가 있습니다. 그래서 원유 회사나 군대, 주식 관계자, 중동 지역 종교 지도자 등은 전 세계의 실제 석유 매장량을 예측하기 위해 어마어마한 돈을 쏟아 붓고 있습니다.

그러나 전 세계의 지식의 양이 얼마나 되는지 아는 사람이 있을까요? 일상 생활을 하는 데 필요한 지식에서부터 학교에서 배우는 여러 가지 지식 그리고 창조적인 작업을 하거나 직장에서 일을 할 때 사용되는 지식 등등 이 세상에는 너무도 다양하고 엄청난 양의 지식이 있습니다.

엄청나게 늘어난 지식은 다시 새로운 지식과 상호 작용하면서 거대하고 힘 있는 지식으로 거듭나고 있습니다. 그런데도 대부분의 사람들은 인류에게 오늘날의 발전을 가져다 준 원동력이자 미래의 가장 큰 자산인 지식에 대해서 참으로 아는 바가 적습니다. 그러나 분명한 것은 지식혁명 시대에 부를 만들어 내는 에너지원은 바로 무한한 지식이라는 점입니다.

내가 시간, 공간과 더불어 지식을 3가지 심층 기반 중 하나로 꼽는 것도, 우리가 지식에 대해 좀 더 자세히 알아야만 하는 것도 바로 이런 이유 때문입니다.

지식의 시대에는 화폐가 아닌 지식이 부가 될 수 있습니다. 아니, 미래의 부를 창출하는 가장 중요한 원천은 지식일 것입니다.

그렇다면 모든 지식이 다 부가 될 수 있는 것일까요? 그렇지 않다면 어떤 지식을 갖추어야 부와 연결이 될 수 있는지 낱낱이 알아보기로 하겠습니다.

> 지식은 부를 만드는 가장 중요한 원천!

머릿속의 지식 창고, 바깥의 지식 창고

사람은 누구나 지식 창고를 하나씩 가지고 있습니다. 작가의 지식 창고에는 글 쓰는 기술과 출판과 관계된 지식들이 가득할 것이고, 치과 의사의 지식 창고에는 치아에 대한 지식들이, 또 프로게이머의 지식 창고에는 게임과 관련된 지식들이 가득할 것입니다. 여러분의 지식 창고는 무엇으로 가득 차 있을지 궁금해지는군요.

사람은 살면서 알게 되는 모든 지식을 2가지 방식으로 지식 창고에 저장합니다.

첫 번째 방식은 바로 우리의 두뇌에 저장하는 것입니다. 인간의 두뇌는 뇌 속의 전기 화학 물질을 끊임없이 움직여 숫자를 계산하거나 단어, 영상, 기억 등을 재배열합니다. 그리고 여기에 감정을 더하여 새로운 생각을 만들어 내지요.

이렇게 만들어진 생각들은 쉴 새 없이 스쳐 갑니다. 아침에 잔소리를 하던 어머니의 얼굴이나 보고 싶은 스타들에 대한 생각, 성적에 대한 걱정이나 먹고 싶은 음식, 수학 문제를 푸는 공식 등등 이런저런 생각들은 지난밤 TV에서 본 축구 경기 장면이나 자기 전에 들은 음악 등과 함께 머릿속에서 마구 뒤섞입니다.

우리 머릿속의 지식 창고로 좀 더 깊이 들어가 볼까요? 뒤죽박죽 엉켜 있는 개념들도 있고, 깔끔하게 정돈되어 있는 개념들도 있군요. 또 한편에는 사랑이라든가 인생, 죽음, 시간, 공간, 자연 등에 대해 나름대로 정리해 놓은 온갖 가설과 억측도 자리하고 있고, 구석 편에는 현재 사용하는 언어와 문법 같은 것도 깊숙히 숨어 있습니다.

두뇌 속의 지식 창고는 우리가 잠을 잘 때조차 멈추지 않고 정신없이 바쁘게 돌아갑니다. 그런 가운데 어떤 지식은 잊혀지거나 변하고, 또 새로운 지식이 계속 추가되지요.

지식을 저장하는 또 하나의 방식은 인간 두뇌의 바깥에 저장하는 것입니다. 인간 두뇌의 바깥에는 인간의 두뇌보다 훨씬 많은 지식을 저장할 수 있습니다.

아주 오래전, 우리 조상들이 다른 세대로 지식을 전할 수 있는 방법은 입에서 입으로, 이야기를 통해 전하는 것말고는 없었습니다.

그러다 3만 5,000년 전에 놀라운 일이 일어났습니다. 구석기 시대의 한 이름 없는 천재가 짐승이나 물건 또는 어떤 것을 기억하려고 동굴 벽과 돌 등에 그림문자와 상형문자를 그려 넣은 것이지요. 그 사건 이후 인간은 두뇌 바깥에 기억을 저장하기 시작했습니다.

그 후 문자를 사용하여 글을 쓰고 그 글로써 지식을 전달하는 다양한 발명이 이루어졌습니다. 인쇄술의 발명과 도서관, 색인법 등이 바로 그것이지요. 이로 인해 인간의 지식 저장 방식은 엄청난 발전을 하게 된 것입니다. 오늘날에는 그것이 컴퓨터의 하드 드라이브와 웹 사이트, CD와 DVD, 클라우드 서비스 등을 거쳐 그 어느 때보다 강력한 저장 도구를 활용해 무섭게 발전하고 있습니다.

저장 방식의 발전으로 인해 어느 순간 두뇌 바깥에 저장된 지식의 양이 두뇌에 저장된 지식보다 훨씬 더 많아지게 된 것이지요. 지금도 두뇌 바깥의 지식의 양은 믿을 수 없을 정도의 엄청난 속도로 늘어나고 있습니다.

2002년 미국 버클리 대학의 연구원들은 한 해 동안 생겨나는 인쇄물과 필름, 기타 저장 매체에 저장되는 데이터와 정보 및 지식의 양을 추정해 보았습니다. 그 양은 자그마치 미국 국회 도서관 크기의 도서관 100만 채가 보유하는 양에 해당되는 것이었습니다. 이는 인류 역사가 시작된 이래로 인간이 내뱉은 모든 단어의 양과 맞먹는 것이라고 합니다. 그런데 이 또한 옛날 얘기입니다. 지금은 그보다 훨씬 빠른 속도로, 훨씬 더 많은 양의 지식이 생겨나고 있으니까요.

그렇다면 이 지구상에 있는 모든 지식의 양은 과연 얼마나 될까요? 계산하기 어렵겠지만 아마 이런 공식을 적용해야 할 것입니다.

총지식공급량 = 60억 인간의 머릿속 지식 + 폭발적으로 증가하는 두뇌 바깥 지식

이제는 지식의 양만 확대되는 것이 아니라 그것을 저장하고 검색하는 방식도 점점 더 정교해지고 있습니다. 지식이 세계화될수록 컴퓨터 시스템도 더욱 개량되고 있으며, 컴퓨터가 인식하고 사고하는 방식 또한 세계화에 발맞추어 새롭게 도입될 것입니다.

같은 듯 다른
데이터, 정보, 지식

지식 + 플러스

사람들은 흔히 데이터나 정보도 지식과 비슷한 개념으로 쓰곤 합니다. 하지만 우리가 보통 구분 없이 사용하는 이 용어들은 원래 다른 의미를 지니고 있습니다.

데이터는 단순하고 객관적인 사실 또는 사건을 가리킵니다. 그리고 정보는 데이터를 수집·정리·분석하는 가운데 그것들이 의미를 갖도록 처리한 것을 말합니다. 또한 지식은 가공된 정보를 이해하여 자기 것으로 만든 것을 가리킵니다. 이해를 돕기 위해 예를 들어 보겠습니다.

흔히 주식을 할 때 관련 데이터나 정보가 중요하다고들 합니다. 주식을 사고파는 단위를 나타낼 때 '300주' 혹은 '500주'라는 말을 사용하는데 이때 '300주'나 '500주'가 바로 하나의 데이터입니다.

그리고 이 데이터가 '○○는 ○○제약회사의 주식을 300주 가지고 있다'는 식으로 문맥 사이에 놓이게 되면 이것은 정보가 됩니다. 그리고 이런 정보가 좀 더 차원 높게 배열되어서 다른 정보와 연결되면 비로소 지식이 되는 것입니다. '○○가 가지고 있는 ○○제약회사의 주가가 2포인트 올랐으나 총액이 얼마 안 되며, 정부가 이자율을 높일 가능성이 있다'는 식으로 말입니다. 데이터와 정보 그리고 지식의 차이가 무엇인지 이해했다면 이제부터는 잘 구분해서 사용하는 것이 좋겠지요?

다락방의 고물들과 쓰레기 지식

예나 지금이나 부를 만들어 내기 위해서는 항상 어떤 지식이 필요했습니다. 원시인들은 사냥을 하기 위해 동물들이 어떻게 이동하는지 알아야 했고, 농부는 농사일에 대한 지식이 있어야 했습니다. 또 공장 노동자 역시 빠르고 안전하게 일하기 위한 기계 작동법을 알아야 했지요. 이 같은 지식들은 대체로 한번 배우면 몇 세대를 거쳐도 유용한 지식으로 남았습니다.

이에 비해 오늘날 일과 관련된 지식들은 너무도 빨리 변하고 있습니다. 일이 아니더라도 현대인들은 늘 새로운 지식을 더 빨리, 더 많이 배워야 합니다. 학교를 졸업한 후에도 죽기 전까지는 끊임없이 학습을 해야 하는 것입니다.

그러나 우리는 그 모든 지식을 다 배울 수도 없고, 엄청난 속도로 불어나는 지식을 다 활용할 수도 없습니다. 하지만 지식을 다루는 능력에 따라 개인이나 조직의 격차는 엄청나게 벌어지고 있습니다. 비약적으로 발전하느냐, 도태하느냐가 지식에 의해 좌우되고 있는 것입니다.

지식이 이처럼 중요하다고 해도 모든 지식이 다 쓸모 있는 것은 아닙니다. 또 세상의 모든 지식에는 한정된 수명이 있게 마련입니다. 시간이 지나면 어떤 지식은 더 이상 우리에게 필요하지 않게 됩니다. 이것들은 과거에는 의미 있고 유용한 지식이었으나 빠른 발전 속도로 인해 이제는 그다지 중요하지 않게 된 것입니다. 이런 지식을 가리켜 무용지식(obsoledge)'이라고 하는데, 무용지식이란 한마디로 쓸모없는 지식, 쓰레기 지식을 말합니다.

하지만 우리가 쓸모없거나 어리석은 지식을 가지고 있다고 해서 부끄러워할 필요는 없습니다. 왜냐하면 우리만 어리석은 지식을 가지고 있는 것이 아니기 때문입니다.

아리스토텔레스' 같은 고대 그리스의 유명한 철학자도 마찬가지였습니다. 그의 사상은 거의 2,000년 동안 유럽을 좌우했지요. 그럼에도 불구하고 그가 알고 있었던 지식들 가운데 훗날 거짓으로 판명된 것이 많이 있습니다. 그는 인도양이 육지로 둘러싸여 있다고 믿었고, 뱀장어가 강바닥 진흙 속에서 저절로 태어난다고 믿기도 했습니다.

포르피리오스'라는 3세기 무렵의 그리스 사상가는 콩나무 가지 하나를 질항아리에 넣어 땅에 묻어 두었다가 석 달 뒤에 파내면 어린 아이의 머리가 들어 있을 것이라고 확신했다고 합니다.

7세기에 세비야의 이시도레 수도사는 썩은 양고기에서 꿀벌이 생겨난다고 주장했습니다. 또한 남미 식물이던 토마토가 16세기에 처음 유럽에 들어왔을 때, 지식인들조차 토마토가 인간에게 독이 된다고 생각했습니다. 1820년에 한 용감한 사람이 많은 이가 보는 앞에서 2개의 토마토를 먹어치우기 전까지 말이죠.

이 모두가 정말 어처구니없고 어리석은 생각들 같지만 그 당시에는 그것이 사실이라고 믿었습니다.

달과 태양계의 8개의 행성들

그런데 이처럼 잘못된 지식을 가지고 있는 것이 아주 오래전의 일만은 아닙니다. 1892년까지만 해도 목성의 위성은 4개라는 것이 상식이었습니다. 그것은 망원경이 만들어진 이후 관측을 통해 알게 된 과학적 지식이었기에 모두가 확실하다고 믿었습니다. 그러나 그 후 버나드라는 천문학자에 의해 다섯 번째 위성이 발견되었고, 2005년 11월에 목성에서 63개의 위성을 찾아내면서 그 전의 지식은 무용지식이 되어 버렸습니다.

요즘도 마찬가지입니다. 1930년 명왕성이 추가된 이후 과학자들은 수십 년 동안 태양계에는 9개의 행성만 있다고 믿어 왔습니다. 그런데 2003년 한 천문학자가 태양 주위를 도는 명왕성보다도 큰 물체를 발견하고 제나라는 이름을 지어 주었습니다. 일부 천문학자들은 이를 계기로 제나와 함께 화성과 목성 사이에 있는 소행성 케레스, 명왕성 주변에 있는 카론 등도 행성으로 인정하자고 주장했습니다.

이후 세계 천문학계는 행성의 정의에 대해 다시 토론하게 되었고, 결국 2006년 8월, 국제천문연맹은 태양계의 맨 바깥쪽에서 공전하는 제일 작은 명왕성의 행성 지위를 박탈하기로 결정했습니다. 그래서 9개이던 태양계의 행성은 이제 8개로 줄어들게 되었습니다.

이처럼 쓸모없어진 무용지식은 우리의 두뇌 속이건 인터넷이건 지식이 저장된 곳이라면 어디에나 가득합니다. 마치 필요 없는 물건으로 가득 차 있는 시골집 다락방처럼 말이죠.

변화가 빨라지면서 우리가 알고 있던 지식이 무용지식으로 바뀌는 속도 역시 빨라지고 있습니다. 마치 물건을 많이 사들일수록 다락방에 쌓이는 고물이 많아지는 것처럼 말입니다.

따라서 현대인들은 끊임없이 새로운 지식을 받아들여야 합니다. 그렇지 않으면 오랫동안 직장 생활을 하여 경력을 많이 쌓은 노련한 직장인일지라도 남들에게 뒤처지게 될 것입니다.

만약 우리가 어떤 정보를 모아서 책을 집필한다면 출판될 때쯤에는 이미 구식 정보가 되어 버릴 수도 있습니다. 결과적으로 오늘날 우리는 변화로 인해 이미 거짓이 되어 버린 쓰레기 지식이나 정보를 근거로 매일 무언가를 결정하고 있는 꼴입니다.

우리는 과거 조상들이 살았던 시대보다도 훨씬 더 많이 무용지식에의 부담을 안고 살아가야 합니다. 지금 여러분이 소중하게 여기는 아이디어도 잠시 후면 소용이 없게 되거나 혹은 다음 세대에게는 웃음거리가 될 수도 있으니까요.

쓰레기 지식을 구별하는 지혜

그렇다면 우리가 알고 있는 여러 가지 지식들 가운데 어떤 것이 진실이고 또 진실이 아닌지 어떻게 알 수 있을까요? 우리가 보고, 듣는 그 많은 정보 중 어느 정도를 얼마만큼 믿어야 할까요?

인터넷 검색을 해 보면 갖가지 음모 이론에서부터 외계인 납치설 등이 홍수를 이룹니다. 또한 켄터키 프라이드 치킨(KFC)은 유전자 조작으로 다리가 6개 달린 암탉을 기르고 있다거나 주유소에서 휴대폰을 끄지 않으면 불이 붙어 폭발할지도 모른다는 이야기 등 황당한 정보들도 무수히 만날 수 있습니다.

이처럼 우리 주변에는 무용지식뿐 아니라 증명되지 않은 거짓 지식들이 폭발적으로 증가하고 있습니다. 과학적 지식조차도 시간이 지나면 무용지식이 되어 버리는 이런 상황에서 무엇이 진실이고 무엇이 거짓 지식인지를 가려내는 것은 무척 어려운 문제입니다.

하지만 무용지식을 걸러 내는 능력이야말로 미래의 부를 결정짓는 핵심이 될 것입니다. 정확하지 않거나, 쓸모없는 지식이거나 또는 사기나 위조 등의 거짓 지식을 바탕으로 어떤 결정이 내려진다면 개

인이나 기업은 막대한 손해를 입게 될 테니까요.

그렇다면 꼭 필요한 유용지식과 쓸모 없는 무용지식을 구별할 수 있는 방법은 없을까요? 어떤 지식이 진실인지 아닌지를 가려낼 수 있는 기준 같은 것은 없을까요?

사람들은 다음의 6가지 기준에 의해서 어떤 사실을 진실이라고 믿게 됩니다. 물론 문화나 사람에 따라 조금씩 다르고 때에 따라서도 다르겠지요. 그러므로 지금부터 얘기할 6가지 기준을 '보편적인 진실 측정 기준'이라고 하겠습니다. 이 기준을 근거로 자기 생각의 틀을 곰곰이 짚어 본다면 진실 여부를 조금은 더 확실하게 알 수 있을지도 모르겠습니다.

첫 번째 기준 _ 합의

북유럽에 사는 나그네쥐 레밍은 집단 자살을 하는 특이한 습성으로 유명한 동물입니다. 레밍은 왜 집단 자살을 할까요?

그것은 아무 생각도 없이 무리를 뒤쫓는 어리석음에서 비롯되는 것입니다. 들쥐류에 속하는 레밍은 수가 폭발적으로 늘어나 식량이 바닥나면 살던 곳을 떠납니다. 거대한 레밍의 무리는 먹을 것이 풍부한 새로운 땅을 향해 산을 넘고 들판을 가로질러 미친듯이 앞으로 전진합니다.

앞을 가로막는 호수를 만나도 레밍은 전진을 멈추지 않습니다. 이제까지 그래 왔던 것처럼 주저 없이 앞으로 달려가고 무리의 뒤를 쫓아 모두가 호수 속으로 뛰어듭니다. 앞의 무리들이 뛰어드니까 나도 뛰어든다는 아무 생각 없는 행동이 결국 집단 자살의 비극으로 이어지는 것입니다.

그런데 사람도 마찬가지입니다. 모두가 믿는 것이 반드시 사실이 아닐 수 있는데도 사람들은 대다수의 의견을 바탕으로 결정을 내립니다. 가족과 친구, 동료와 주변 사람들 등이 모두 합의한 것을 옳은 지식으로 받아들이는 것입니다. 이것을 인습적 사고[1] 또는 집단적 사고라고 합니다.

사람들은 왜 모두가 합의한 사실을 그냥 진실이라고 믿으려 할까요? 그건 아마도 무리를 쫓으면 골치 아프게 스스로 생각할 필요도 없고 틀려도 모두가 다 틀리는 것이므로 자신의 어리석음이 드러나지 않기 때문일 것입니다.

그런데 개인뿐 아니라 기업이나 국가도 레밍과 같이 어리석은 행동을 하는 것을 볼 수 있습니다. 레밍의 어리석음은 집단 자살을 초래하지만 한 기업이나 국가의 어리석음은 파산이나 전쟁까지도 초래할 수가 있습니다. 그래서 옳은 판단을 내리고, 진실을 잘 가려내기 위해서는 안이하고 어리석은 생각에서 벗어나야 합니다.

두 번째 기준 _ 일관성

사람들은 어떤 사실이 거짓일 가능성이 있음에도 일관성을 가지고 있다면 진실이라고 받아들이는 경우가 많습니다. 하나의 사실이 진실로 여겨지는 다른 사실들과 꼭 들어맞을 경우에도 진실이라고 믿으려는 경향이 있지요.

법원에서 판사가 판결을 내릴 때도 일관성을 기준으로 하여 목격자의 진실성 여부를 가려내려고 합니다. 공인 회계사들도 장부의 내용이 실제적인 입출금과 얼마만큼 정확하게 일치하는가를 기준으로 진실 여부를 판단합니다. 일치하지 않는 것이 있다면 진실이 조작되었다고 의심할 수밖에 없지요. 이처럼 개인이나 조직에 일관성이라는 기준은 계속해서 적용되어 왔습니다. 하지만 합의와 마찬가지로 일관성도 진실을 가리는 전적인 기준은 될 수 없습니다.

세 번째 기준 _ 권위

"왜냐하면 경전에 그렇게 쓰여 있기 때문이다."

"권위 있는 아무개가 그렇게 말했으므로 틀림없는 사실이다."

사람들은 이처럼 종교뿐 아니라 어떤 권위에 근거하여 판단을 내리는 경우가 많습니다. 성경이나 코란에 있는 내용이라면 무조건 진실이라고 확신하기도 하고, 널리 알려진 책이나 유명한 사람의 말이라면 의심조차 해 보지 않습니다.

　미국에서는 한때 유명한 주식 투자가인 워런 버핏이 월스트리트
에 대해 전망한 말은 모두 진실로 통했습니다. 또 〈뉴욕 타임스〉, 〈르
몽드〉, CBS 등 저명한 언론 매체에서 보도하는 내용이라면 틀림없
이 진실이라고 믿는 이들도 있습니다.

　이것은 모두 권위가 진실을 판단하는 기준이 된 예입니다. 오늘날
현명한 결정을 내리기 위해서는 너무나 많은 지식이 필요하다 보니
사람들은 종종 권위에 의존합니다. 하지만 권위에 머리를 숙이다 보
면 스스로의 생각을 키울 수도 없고 권위 있는 사람들의 말이 진실인
지 아닌지를 가려낼 수도 없습니다.

네 번째 기준 _ 계시

　사람의 지혜로 알지 못하는 신비로운 일을 신이 가르쳐 알게 하는
것을 계시라고 합니다. 계시는 종교적인 영역으로, 이성적으로 의문
을 가질 수도 없으며 그저 그렇다고 믿어야만 하는 것이지요.

　어떤 사람이 자신이 받은 계시가 바로 진리이며 신의 뜻이라고 주
장한다고 해도 다른 사람으로서는 도저히 진실 여부를 판단할 수도
증명할 수도 없습니다. 그것은 불가사의한 영역이니까요.

　그런데도 무조건 계시를 믿으라고 요구하는 자들이 있고 또 큰 의
심 없이 믿고 따르는 사람들도 있습니다. 그것이 맹신이나 광신으로

이어질 수 있는데도 말입니다. 이 또한 종교적 권위가 진실을 판단하는 기준이 된 예라고 할 수 있습니다.

믿는 것은 개인의 자유지만 그가 믿는 것이 진실인지 아닌지를 가려낼 방법은 달리 없습니다.

다섯 번째 기준 _ 지속성

감기에 걸리면 흔히 생강차를 마시거나 파 뿌리를 삶아 먹기도 합니다. 그 이유를 찾으려면 여러분의 할머니, 그 할머니의 할머니 대까지 거슬러 올라가야 합니다. 그것은 수 세대를 거쳐 전해져 내려오는 경험적 지식이자 전통적인 처방이기 때문입니다.

사람들은 뜨거운 생강차를 마시면서 왜 감기에 이런 걸 마셔야 하느냐고 묻지 않습니다. 어떤 지식이 오랫동안 전해져 내려왔다는 사실만으로도 사람들은 어느 정도는 사실일 거라고 여기기 때문입니다. 오랜 시간의 시험을 거쳤기 때문에 그것이 진실일 거라고 믿는 것입니다.

산업혁명 이전까지만 해도 수 세대에 걸쳐 전해 내려온 지식들은 사람들의 삶에서 중요한 역할을 했습니다. 하지만 역사가 앨런 코어스는 이렇게 말했습니다.

"과거에 당연하다고 믿었던 지식의 권위를 뒤집은 일이야말로 서양 역사 전체를 통틀어 가장 커다란 발전이다!"

여섯 번째 기준 _ 과학

과학은 앞에서 얘기한 기준들과는 다른 점이 많습니다. 앞에서 얘기한 5가지 기준들은 대체로 전통적이고, 고정적이고, 변화를 싫어하는 농경 사회적인 성향을 지닙니다. 그러나 과학은 변화에 문을 활짝 열어 둘 뿐 아니라 언제든지 수정이 가능합니다.

과학은 또한 어떤 것이 사실이라고 말하거나 믿는 것만으로는 만족하지 않습니다. 관찰, 실험, 증명, 수치화 등 과학은 지금까지 진실을 가려낼 수 있는 여러 가지 장치들을 발전시켜 왔습니다. 또한 과학은 진실을 검증하기 위해 객관적이고 합리적인 방법들을 총동원하여 어려운 시험을 거칩니다.

그러나 사람들은 일상 생활에 과학이라는 기준을 잘 적용하지 않습니다. 강아지를 입양할 때 마음에 드는 귀여운 강아지를 선택하지 과학적 시험을 통과한 강아지를 찾지는 않으니까요. 또 어떤 영화를 볼지 결정할 때도 실험실에서 실험을 해 볼 수는 없는 일입니다. 그 것은 친구를 사귀거나 배우자를 선택할 때도 마찬가지일 것입니다.

6가지 보편적 기준 중에서 과학만큼 부에 커다란 충격을 준 기준은 없습니다. 경제와 관련된 많은 결정 중에서 아주 적은 요소만이 과학적으로 이루어졌습니다. 그런데 그 적은 부분이 세계의 부를 만들고 뒤흔들어 놓았던 것입니다.

과학은 또한 부의 증가뿐 아니라 인간의 수명을 연장시키고 건강을 증진시키는 일도 도맡아 왔습니다. 이처럼 경제 발전은 물론 기술 변화에도 박차를 가하면서 과학은 지금, 여기까지 숨 가쁘게 달려왔습니다.

그런데 과학은 눈부신 발전을 이룬 반면에 한편으로는 늘 위기에 처해 있기도 합니다. 아무리 설득력 있는 과학적 발견이라고 해도 언제나 불완전할 수밖에 없으니까요. 과학적 지식은 새롭게 증명된 과학적 발견 앞에서 항상 검증을 받아야 합니다. 검증 결과 때로는 수정이 되기도 하고 또 쓰레기 지식이 되어 버리기도 하는 것이 바로 과학의 운명이지요.

부의 미래를 좌우할 과학

우리는 어떤 판단을 할 때 위의 기준들 가운데 한 가지 이상을 늘 사용합니다. 의학적인 도움을 받기 위해서는 과학에 의지하고, 도덕적인 조언을 위해서는 종교에 의지하기도 하고, 또 크고 작은 수많은 문제를 해결하기 위해 어떤 권위에 의지하기도 합니다.

이러한 기준들은 시대에 따라서도 달리 사용되며 조금씩 변화해 왔습니다. 예를 들어 볼까요?

변화가 적었던 전통 사회에서는 노인들이 존경을 받았습니다. 오랜 세월에 걸쳐 전해진 경험과 지식을 많이 가지고 있는 노인들이 그 사회에 지혜를 제공했기 때문이지요.

하지만 변화가 빠른 현대 사회에서는 옛 지식 가운데 많은 부분이 무용지식이 되고 있습니다. 물론 아직도 예전 방식으로 가려낼 수 있는 진실도 있지만, 앞으로 여러분이 살아가는 데 도움을 줄 옛 지식은 많지 않을 것입니다.

한편 다수결 원칙을 존중하는 민주주의가 처음 등장했을 때는 다수의 합의를 아주 중요하게 여겼습니다. 이때는 합의가 정치뿐 아니라 거의 모든 분야에서 그 어느 때보다 중요한 진실의 기준이 되었지요.

그렇다면 다가올 미래에는 어떤 기준을 사용하게 될까요? 오늘날에는 여러 가지 환경 재앙을 비롯하여 에이즈나 사스와 같은 전염병이 큰 문제가 되고 있습니다. 또 고갈되어 가는 석유 자원을 대체할 에너지도 개발되어야 하고 도시와 농촌, 국가 간의 빈부 격차도 해결해야 할 문제로 남아 있습니다. 이는 합의나 종교적 계시 또는 권위로 해결될 문제가 아닙니다. 그것들을 해결하기 위해서는 과학이 필요합니다.

그러나 과학을 공격하는 사람들도 많습니다. 극단적인 창조론자들, 윤리학자들, 환경론자들, 뉴에이지 운동가들 등이 바로 그러한 사람들이지요. 그들은 산성비와 지구 온난화 문제, 유전자 변형 식품의 위협과 인간 복제, 살상 무기의 개발과 환경오염 등의 이유를 들어가며 과학에 대한 우려와 적개심을 보이고 있습니다.

　과학의 급격한 발전으로 인해 그런 문제들이 생겨났다고 보는 이들은 지금도 세계 도처에서 과학에 반대하는 다양한 운동들을 펼치고 있습니다.

　심지어 과학자들 가운데서도 여기에 가담하는 사람들이 있습니다. 미국의 컴퓨터 과학자 빌 조이는 2030년쯤이면 컴퓨터가 인간보다 더 똑똑해지고 스스로 복제 능력까지 갖춰 인류를 위협하게 될 것이라고 경고하며 이 분야의 연구를 포기하자고까지 주장했습니다.

영국의 천문학자 마틴 리스는 이보다 더 끔찍한 예측을 했습니다. 조금의 실수라도 벌어질 경우, 인류뿐 아니라 지구와 우주까지도 함께 사라지게 될 것이며 그 위험이 어느 정도인지 예상할 수 있는 지식조차 우리는 가지고 있지 못하다고 말입니다.

그러나 이처럼 진실을 놓고 벌이는 전쟁은 과학에만 국한되지는 않을 것입니다. 그럼에도 진실의 기준에 의문을 제기하고 그것을 뛰어넘으려고 하는 학문은 다름 아닌 과학입니다. 과학은 언제나 과거에 배운 것이 사실이 아닐지도 모른다고 생각하면서 사실이라고 주장하는 것에 대한 증거와 이를 증명할 실험을 계속하고 있으니까요.

과학은 앞으로도 더욱 바람직한 방향으로 발전되어야 합니다. 과학 기술은 부를 증가시키는 원천일 뿐 아니라 앞으로 인류에게 좋은 환경은 물론 건강과 번영을 제공해 줄 수 있는 가장 강력한 기준이 될 수 있으니까요. 혁명적인 부의 미래는 과학이 어떻게 활용되는지에 따라 좌우될 것입니다.

잠시 멈춰 서서

과거가 점점 더 빠르게 우리 곁을 떠나가고 있습니다. 예전에는 중요하고 엄청났던 사건들도 이제는 더 이상 관심을 끌지 못합니다. 지금의 세대에게는 인류 최초의 달 착륙, 케네디 암살, 베트남 전쟁,

중국의 문화혁명' 등이 모두 아주 멀고도 다른 세상의 이야기처럼 들릴 테니까요.

잠시 멈춰 서서 우리가 사는 동안에 벌어지게 될 앞으로의 일들을 생각해 봅니다. 미래에는 지금 우리가 상상하지도 못할 엄청난 일들이 벌어지게 될 것입니다. 제3물결에 이어 제4의 물결이라 불릴 만한 혁명적인 변화의 물결이 전개될 테니까요.

지금까지 나는 혁명적인 부를 만들어 낼 시간과 공간, 지식이라는 3가지 심층 기반에 대해 얘기했습니다. 그러나 이 3가지는 서로 연관되어 있기 때문에 종합적으로 생각해야만 합니다. 예를 들어 변화의 속도가 빨라져 우리와 시간과의 관계가 변하면 지식과의 관계 또한 변하게 됩니다. 우리가 당연하다고 믿었던 지식들이 급속도로 쓰레기 지식이 될 테니까요.

그러나 시간, 공간, 지식이 서로 어우러져 만들어 낼 변화를 아무리 예측해 보아도 우리가 읽어 낼 수 있는 것은 그저 윤곽에 불과합니다. 그 너머를 보기 위해서는 단순히 눈앞에 보이는 것뿐 아니라 숨어 있는 진실을 볼 줄 아는 눈과 변화의 본질을 꿰뚫어 보는 통찰력이 필요하기 때문입니다.

앨빈 토플러 박사가 들려주는 미래학 특강

숨겨진 절반의

06

부를 찾아서

보이지 않는 돈, 보이지 않는 경제

인간의 삶에서 돈은 막강한 힘을 가지고 있습니다. 지구상에는 돈의 힘을 누리는 부자도 많지만 하루에 1달러도 안 되는 돈으로 연명하는 사람들도 10억 명 이상은 됩니다. 그보다 더 못한 여건 속에서 가난에 찌들어 겨우 생존만 하고 있는 사람들도 많이 있지요.

그리고 화폐 경제와는 무관하게 살아가는 사람들도 여전히 많습니다. 그들은 제1물결 시대의 먼 조상들이 그랬던 것처럼 아무런 소득 없이 자급자족하면서 살아가고 있습니다.

이처럼 가난한 사람이 많은데도 오늘날 전 세계의 화폐 경제는 연간 총생산액이 50조 달러에 이릅니다. 이를 한국 돈으로 환산하면 약 4경 7,500조 원입니다. 1경이란 1 뒤에 0이 16개나 붙는 수의 단위로서, 1조 원의 1만 배에 해당하지요. 상상이 안 될 만큼 정말 어마어마한 금액입니다. 이만 한 돈의 가치가 지구상에서 해마다 만들어지고 있는 것입니다.

그런데 그 액수가 연간 50조 달러가 아니라 그 두 배인 100조 달러라면 어떨까요? 즉 4경 7,500조 원 외에 보이지 않는 곳에 또 다른 4경 7,500조 원이 있다고 한다면 말입니다. 그런 돈이 어디 있느냐고 반문하겠지만 그 돈은 분명히 우리 주위에 있습니다. 그럼 이제부터 숨어 있는 절반의 부, 즉 보이지 않는 50조 달러를 여러분과 함께 찾아보도록 하겠습니다.

지금까지는 주로 화폐 경제, 즉 보이는 부에 대해서 이야기했지만 지금부터 펼쳐질 이야기는 보이지 않는 부에 대한 것입니다.

나의 절친한 친구인 엔키 탠은 2004년 12월 우리 부부와의 저녁 식사 약속을 갑자기 취소했습니다. 그러고는 한밤중에 캘리포니아에서 인도네시아 아체 지역으로 비행기를 타고 날아갔습니다. 당시 그곳은 갑자기 밀어닥친 쓰나미로 인해 폐허가 되어 있었죠.

내과 의사인 엔키는 그곳에서 변변한 의료 장비도 없이 다친 아이들에게 붕대를 감아 주고, 치료를 하고, 피해자들을 살리기 위해 노력했습니다. 엔키뿐만 아니라 수천 명의 자원 봉사자들이 대재앙의 희생자들을 돕기 위해 28개국에서 모여들었습니다.

브라질에 사는 피네이로 씨는 일주일에 한 번씩은 빈민가의 꼭대기 마을로 갑니다. 범죄와 폭력 사건이 끊이지 않는 곳이니 조심하라는 경고를 수없이 들으면서도 말입니다. 그는 아이들에게 영어와 컴퓨터를 가르쳐 주며, 그들이 가난과 비참한 현실에서 벗어날 수 있도록 돕고 있습니다.

한편 영국에 사는 샤론 베이츠는 관절염으로 움직이기가 불편하면서도 간질병 환자인 남편을 간병합니다. 2명의 자녀를 돌보고 있는 그녀는 '최고의 엄마상'을 받기도 했습니다.

그러나 그녀는 남편을 보살피는 일로 돈을 받지는 않습니다. 물론 앞에서 얘기했던 엔키나 피네이로 씨의 자원 봉사도 당연히 보수를

세계 곳곳에서 일어나는 대재앙의 현장에는 도움의 손길을 전하는 프로슈머들이 있다. 인도네시아 대지진 참사 현장에서 기독교 구호 단체인 월드비전이 구호 활동을 벌이고 있다. (사진 제공 : 월드비전)

받지 않고 하는 활동입니다. 바로 이런 것들에 보이지 않는 부가 숨어 있습니다. 이런 무보수 활동들은 돈을 받고 하는 경제 활동과 마찬가지로 무척 가치 있는 일입니다.

돈을 받지는 않지만 아주 중요하고도 가치 있는 활동을 하나만 더 소개하겠습니다.

여러분의 어머니는 집에서 가족을 위해 요리를 하고 빨래와 청소를 합니다. 그런데 어머니가 만약 다른 집에 가서 그와 같은 집안일을 한다면 어떨까요? 당연히 보수를 받을 수 있을 것입니다. 그러니까 어머니의 헌신적인 가사 노동이나 앞에서 예를 든 자원 봉사 활동은 돈만 오가지 않을 뿐 그 하나하나가 모두 돈이 되는 생산적인 일입니다. 이러한 활동을 위해 사람을 고용한다면 어마어마한 비용이 지불되겠지요.

나는《제3물결》에서 프로슈머라는 신조어를 만들었습니다. 판매나 교환과 같은 상업적인 목적이 아니라 자신이 사용하거나 만족하기 위해 서비스나 어떤 제품 또는 경험을 생산하는 이들을 프로슈머라 불렀던 거죠. 프로슈머(prosumer)는 생산자(producer)와 소비자(consumer)의 합성어로 '생산적 소비자' 정도로 해석할 수 있습니다.

그러니까 여러분이 만약 집에서 과자를 구워 가족과 함께 그 과자를 먹는다면 여러분은 프로슈머입니다. 그리고 자신이 직접 만든 옷이나 액세서리를 하고 다니는 사람이 있다면 그 사람도 프로슈머라고 할 수 있습니다.

이처럼 개인 또는 집단이 프로슈머가 되어 스스로 생산하면서 동시에 소비하는 행위를 프로슈밍'이라고 합니다. 그리고 프로슈머들에 의해 이루어지는, 돈이 오가지 않으며 수치로 측정되지 않는 비화폐 경제를 프로슈머 경제'라고 하지요. 경제에는 눈에 보이는 화폐 경제만 있는 것이 아니라 이처럼 눈에 보이지 않는 프로슈머 경제가 존재합니다.

살아가는 동안 누구나 프로슈머가 됩니다. 사실 모든 경제에는 프로슈머가 존재하고, 개인적인 필요나 욕구를 늘 시장을 통해서만 해결할 수 없기 때문입니다. 또 프로슈밍 자체를 좋아하는 사람들도 있고, 때로는 프로슈밍이 꼭 필요한 상황도 벌어지기 때문입니다. 우리는 모든 사람이 다 프로슈머인 시대를 살아가고 있는 것입니다.

사람들은 모두 행복하게 살고 싶어합니다. 그런데 자본주의 사회에서는 돈이 많아야 행복하게 살 수 있다고 생각하는 사람들이 많습니다. 하지만 잘사는 것의 기준이 돈에만 있지는 않을 것입니다. 돈은 적게 벌지만 훨씬 더 행복하게 살고, 보다 가치 있는 일들을 하는 사람들도 많으니까요. 경제적인 수치만으로 부를 평가하는 사회는 머지않아 수명을 다하게 되리라 봅니다.

사랑을 나누는 프로슈머

2005년 허리케인 카트리나와 리타가 멕시코 만 연안을 강타했습니다. 무시무시한 허리케인으로 인해 수십만 채의 집들이 파괴되고, 많은 사람이 다치거나 목숨을 잃었습니다. 정부는 긴급 구호 활동을 벌였지만 모든 난민에게 도움을 주기에는 역부족이었습니다. 이때 미국 남부 지역의 자원 봉사자들이 나서서 수많은 난민에게 기꺼이 자기 집을 개방하고, 치료는 물론 음식과 생활 필수품을 제공했습니다.

1995년 일본 고베에서 대지진이 발생했을 때에도 무려 135만 명의 자원 봉사자들이 곳곳에서 몰려들어 물과 음식, 의료와 건설 등의 서비스를 난민들에게 제공했습니다. 한국에서도 약 650만 명의 시민이 자원 봉사자로 활동하고 있습니다. 이들은 태풍이나 홍수 피해의 구호 활동, 사랑의 집짓기 운동, 무료 급식 운동이나 탈북자들의 적응을 돕는 활동 등 다양한 활동을 펼치고 있지요.

자국 안에서의 활동뿐 아니라 국제적인 자원 봉사의 예도 얼마든지 있습니다. 국제 봉사 단체들은 지금도 국경을 뛰어넘어 도움의 손길이 필요한 사람들은 물론 구조가 필요한 동물들에게 달려가고 있습니다.

이들이 제공한 서비스를 돈으로 환산하면 과연 얼마가 될까요? 아니, 돈으로 매길 수 없는 따뜻한 인간애의 가치는 또 어느 정도일까요? 이 모든 것들은 계산할 수도 없고, 아마 그들도 계산되기를 바라지 않을 것입니다.

배변 훈련이 왜 중요할까?

경제학자들은 대부분 화폐 경제에만 관심을 기울입니다. 프로슈머 경제 없이는 화폐 경제가 단 10분도 존재할 수가 없는데도 말입니다. 단 10분은 조금 과장일 수도 있지요. 하지만 프로슈머 경제가 중요하다는 말은 결코 과장이 아닙니다.

프로슈머 경제가 왜 그토록 중요한지 아직도 잘 모르겠다면, 우리가 당연하다고 생각하는 일들 속에서 한 가지 예를 들어 보도록 하겠습니다.

대기업의 사무실에 가 보면 엄청나게 많은 직원이 함께 모여 일을 하고 있습니다. 또 공장에서는 노동자들이 규칙적으로 움직이는 조립 라인에서 열심히 작업하는 모습을 볼 수 있습니다. 그런데 만일 이 많은 근로자가 어릴 때 배변 훈련을 제대로 받지 못했다면 어떤 일이 벌어질까요? 우스운 상상이긴 하지만 아마도 사무실과 공장은 난장판이 되고 일을 제대로 할 수도 없을 것입니다.

그럼 누가 이들에게 배변 훈련을 시킨 걸까요? 당연히 대부분 엄마들의 몫이었습니다. 그러나 기업의 고용주들은 이를 당연하게 생각할 것입니다. 게다가 부모의 양육 활동이 없었다면 화폐 경제의 생산성이 얼마나 큰 손실을 입게 될지 단 한 번도 생각해 본 적이 없을 것입니다.

부모는 아이들에게 배변 훈련만 시키는 게 아닙니다. 언어를 가르치고, 열심히 돈을 벌어 학비를 댑니다. 아이가 미래를 준비할 수 있도록 말입니다. 그러니 부모는 자녀가 가장 처음 만나게 되는 선생님이자 최초의 프로슈머라 할 수 있습니다. 부모는 아무런 보수도 받지 않고 다만 자녀가 잘되기만을 바라며 일하니까요.

우리 사회의 가장 근본적인 생산력은 수많은 프로슈머 부모들이 돈을 받지 않고 자녀를 키우는 노력에 의존하고 있습니다. 그러니 어머니와 아버지가 여러분들에게는 물론 이 사회에서 얼마나 중요하고 고마운 존재인지 새삼 느낄 수 있겠죠?

부모의 양육에서부터 봉사 활동과 취미 활동에 이르기까지 프로슈밍의 형태는 너무도 다양하고, 프로슈밍의 가치와 잠재력 또한 엄청난 것입니다.

몇몇 앞선 경제학자들은 이와 같은 프로슈머의 역할을 인정하고, 숨은 경제의 중요성을 알리기 위해 많은 노력을 했습니다. 경제학자뿐 아니라 사회학자나 사회 정책 전문가들도 프로슈밍의 가치를 측정하기 위해 많은 노력을 했지요. 그 결과 한 가정이 작은 공장과도 같은 생산성을 지녔다는 놀라운 결론을 얻기도 했습니다.

하지만 그런 노력에도 불구하고 프로슈밍은 여전히 전통적인 경제학의 관심 밖에 있으며, 많은 경제학자가 아직도 프로슈머 경제를 하찮게 생각하고 있습니다. 그들이 화폐 경제에만 매달리는 이유는, 화폐는 수량으로 나타내는 것이 가능해서 쉽게 측정할 수 있기 때문

입니다.

그러나 프로슈머의 무보수 활동은 수량으로 나타내는 것이 불가능하지요. 프로슈밍이 사람들의 관심 밖에 놓이게 된 것도 이 때문입니다.

아직도 가난한 나라에서는 수백만 명의 농부들이 프로슈밍 활동만으로 살아가고 있습니다. 스스로 농사를 지어서 자급자족하는 생활을 하고 있으니까요. 그 농부들은 이제 가난을 면하기 위해 돈을 만질 수 있는 화폐 경제로 들어서려고 애쓰고 있습니다.

그런데 부유한 나라의 부자들은 오히려 정반대로 가고 있습니다. 화폐 경제가 아닌 프로슈밍으로 관심을 넓혀 가고 있는 것이지요. 경제 대국에서는 현재 프로슈밍 활동이 폭발적으로 증가하는 추세입니다.

이에 따라 지금까지 생각지도 못한 전혀 새로운 시장이 나타나는가 하면, 또 기존의 많은 시장이 사라질 것입니다. 또한 프로슈머의 역할이 커짐에 따라 소비자의 역할도 변하게 될 것입니다.

의사보다 똑똑한 환자들

미국 질병관리예방국의 통계에 따르면 병원에서 감염되어 사망하는 피해자 수가 9만 명에 이른다고 합니다. 또한 엄청나게 많은 환자가 병원이 저지른 의료 실수 때문에 사망하고 있습니다. 2001년에는 의료 사고나 새로운 병원균에 감염되어 사망한 사람이 교통사고로 인한 사망자보다 훨씬 많았습니다. 이 모두가 세계 최고의 의료 시설을 갖춘 미국에서 벌어지는 일이라니 놀라울 따름입니다.

경제협력개발기구(OECD)에서 조사한 바에 의하면 GDP 중 의료비가 차지하는 비중이 미국은 무려 14퍼센트에 이른다고 합니다. 또 독일은 10.9퍼센트, 프랑스는 9.7퍼센트, 일본은 7.8퍼센트, 한국은 5.1퍼센트입니다.

그러나 이 통계는 중요한 걸 빠뜨리고 있습니다. 바로 프로슈머 활동을 전혀 고려하지 않은 것입니다. 만일 프로슈밍을 돈으로 환산한다면 어느 국가 할 것 없이 치료비 비율이 부담스러울 정도로 커질 것입니다. 왜냐하면 대부분의 간병이 가족이나 친지들의 프로슈밍에 의해 이루어지고 있으니까요.

우리는 두통이 있을 때 아스피린을 먹고, 발목을 접질렸을 때 얼음찜질을 하고, 화상을 입었을 때 연고를 바릅니다. 이처럼 스스로 치료하면서 우리는 의료 분야의 프로슈밍 활동을 합니다. 예일 대학의 로웰 레빈 교수는 미국 내 85~90퍼센트의 의료 활동이 일반인들에 의해 이루어지고 있다고 말합니다.

더구나 오늘날 환자들은 인터넷이나 의료 정보 프로그램 등을 통해 많은 의학 정보를 얻을 수 있습니다. 교육 수준이 높아진 환자들은 자신이 앓고 있는 질병에 대해 의사보다 더 많은 최신 연구 자료들을 인터넷을 통해 읽고 있기도 합니다.

이제 환자들은 의사에게 매달리는 단순한 소비자가 아니라 자신의 건강에 대해 스스로 연구하는 적극적인 프로슈머가 되어 가고 있는 것입니다.

알아서 척척척! 첨단 의료 기술

과학 기술의 발달로 첨단 기능을 갖춘 다양한 의료 기기가 선을 보이고 있다. 인체 내로 들어와 환부를 들어내고 봉합까지 대신하는 전문 수술용 로봇은 이미 성공적으로 수술을 시행하고 있으며 실제 팔과 다리처럼 섬세한 움직임이 가능한 우주선 소재(고농축 티타늄)의 보장구도 장애인들을 위해 본격적인 출시를 준비 중이다.

미국 식품의약국의 잡지를 펼치면 미래에 개발될 첨단 의료 제품들을 더 다양하게 만날 수 있다. 양치질을 하면 칫솔 속에 내장되어 있는 바이오 센서 칩이 알아서 그 사람의 혈당과 입 안의 박테리아 수치를 측정해 주는 특수 칫솔이나 상처 부위의 바이러스를 감지하여 어떤 치료를 받아야 하는지 알려 주는 스마트 붕대 정도는 그리 특별할 것도 없다.

장애인이 눈의 깜빡임이나 생각으로 조작할 수 있는 특수 기계는 물론, 한 번 척 보기만 해도 사람이나 사물을 기억할 수 있도록 하는 초소형 화면이 박힌 컴퓨터 안경까지 그 종류와 기능들이 상상을 불허할 정도이다. 또 컴퓨터단층촬영(CAT)을 집에서 하고, 변기 물을 내리면 자동으로 소변 검사가 되고, 매끼 식사 후 컴퓨터로 수명 분석 자료를 받는 등 공상으로나 가능할 것 같은 이런 일들은 곧 현실이 될 것이다.

그러나 여기에는 아직 가장 중요한 변화가 하나 빠져 있습니다. 그것은 바로 내일의 기술입니다. 그게 더해진다면 앞으로 의료 분야는 엄청난 변화를 맞이하게 될 것입니다.

첨단 기술의 의료 제품들이 나온다면 프로슈머는 더욱 큰 역할을 하게 될 것이 분명합니다. 미래에는 첨단 의료 제품들로 집에서 스스로 치료하고 질병을 예방하는 행위가 더욱더 늘어날 것이라는 얘기입니다.

이런 움직임은 먼 미래의 일이 아닙니다. 지금도 프로슈머들을 위한 다양한 첨단 기술들이 속속 등장하고 있으니까요. 당뇨병 환자들을 위한 인슐린 주입 기구, 고혈압 환자를 위한 혈압 측정기, 임신 테스트기 같은 가정용 의료 기술은 이미 널리 사용되고 있습니다. 요즘은 인터넷에 접속만 하면 알레르기에서부터 간염에 이르는 갖가지 질병을 감지할 수 있는 자가 테스트 기구들도 어렵지 않게 구입할 수 있습니다.

또 가정에서 골다공증과 전립선암, 대장암을 직접 진단하는 방법도 있으며, 초음파 호흡기, 폐활량계, 구명 호흡 장비도 언제든 살 수 있습니다.

이처럼 프로슈밍은 시장을 뒤흔들고, 사회에서의 역할 구조까지 바꾸고 있습니다. 뿐만 아니라 머지않아 부에 대한 우리의 생각까지 변화시킬 것입니다.

직원 대신 일하는 고객

은행에 가면 은행 입구 옆에 현금 자동 입출금기가 따로 마련되어 있습니다. 거기서는 번호표를 들고 기다리지 않아도 곧장 돈을 찾거나 넣을 수 있지요. 또 다른 은행으로 송금할 수도 있고, 공공요금을 낼 수도 있습니다.

그런데 은행을 찾은 고객이 현금 자동 입출금기를 이용하면 누가 가장 이득을 보게 될까요? 은행 창구에 들르지 않고도 빨리 돈을 찾게 된 사람들일까요?

물론 번호표를 들고 차례를 기다리느라 허비하는 시간이 줄어드니 고객들에게도 좋은 일인 건 틀림없습니다. 그러나 가장 큰 이득을 보는 건 바로 은행입니다.

은행 창구에 서서 돈을 찾는 데 평균 2분이 걸린다고 생각해 보세요. 2002년 미국의 은행을 찾은 고객 가운데 현금 자동 입출금기로 거래를 한 횟수는 약 140억 회 이상이라고 합니다. 그러니까 은행은 고객들의 무보수 노동으로 약 280억 분에 해당하는 시간을 절약할 수 있었던 것입니다.

만일 그 고객들이 모두 은행 창구를 이용했다면 은행은 20만 명 이상의 정규 직원을 고용해야 했겠지요.

월급도 안 주고 우릴 부려 먹은 거야?

이 같은 고객들의 수고를 나는 제3의 직업'이라고 부르겠습니다. 돈을 받고 일을 하는 제1의 직업과 가사 노동처럼 돈을 받지 않는 제 2의 직업에 이어서 말입니다.

제너럴 일렉트릭'이란 세계적인 가전 회사는 제품에 대한 정보를 요구하는 소비자들로 인해 애를 먹고 있었습니다.

그러던 중에 인터넷을 통해 소비자들의 문의를 해결하는 시스템을 만들게 되었지요. 이 시스템으로 인해 회사는 큰 이득을 볼 수 있었습니다. 직원을 고용하여 한 통의 전화 문의에 답하는 데 약 5,000원의 비용이 드는 데 비해 인터넷 시스템은 약 200원밖에 들지 않았으니까요.

그럼 고객의 전화에 응대하던 그 많은 직원은 다 어디로 갔을까요? 줄어든 은행 창구 직원과 마찬가지로 그들은 모두 프로슈머에게 일자리를 넘겨 주었습니다.

이처럼 소비자에게 일을 떠넘기는 현상은 앞으로 더욱 증가할 것입니다. 발달한 사이버 시스템 덕분에 소비자를 프로슈머로 바꾸는 것이 훨씬 쉬워졌기 때문이지요.

대표적인 기업을 하나 더 소개할까요? 세계적인 인터넷 서점인 아마존닷컴'은 프로슈머를 이용해 성공한 기업이라 할 수 있습니다. 아마존닷컴은 소비자들 스스로 책과 음반 리뷰, 개인 의견, 좋아하는 책의 목록 등을 사이트에 올릴 수 있게 했습니다. 이로 인해 이처럼 돈 한 푼 들이지 않고 최대의 광고 효과를 낼 수 있었고, 기업의 광고를 대신해 주는 프로슈머들 덕택에 아마존닷컴은 세계적인 기업으로 성장할 수 있었습니다.

프로슈머를 이용해 성공한 아마존닷컴

만약 기업이 할 일을 소비자에게 넘기는 일을 가장 잘하는 곳에 주는 상이 있다면 그 상은 일본의 도톤보리라는 레스토랑에게 돌아갈 것입니다. 도톤보리는 자신이 직접 가져다 먹는 뷔페식을 넘어 고객이 직접 요리까지 하게 만든 레스토랑이니까요.

이처럼 프로슈밍의 증가로 노동이 소비자에게 넘어가는 일이 늘자 미국의 한 시사 만화에 이런 내용이 실리기도 했습니다.

"조금만 있으면 직접 물건을 만들고 배달하는 일까지도 모두 소비자들이 하도록 훈련받게 될지도 모르겠다."

정말이지 이 만화 속의 이야기가 현실이 되는 날이 곧 오게 될지도 모르겠습니다.

재미가 부를 낳는다?

월리 에이모스는 가수 사이먼 앤드 가펑클을 발탁하여 그들의 매니저가 되었던 사람입니다. 그는 고등학교를 중퇴했지만 할리우드에서 활동하며 뛰어난 가수들을 많이 키워 냈지요.

직업상 사람들을 많이 만나고 다녀야 했던 에이모스는 취미로 쿠키를 구워서 사람들에게 나누어 주기도 했습니다. 그런데 언제부터인가 사람들이 그를 만나면 "안녕하세요?"라는 말 대신 "오늘은 쿠키 안 주나요?"라고 인사하기 시작했습니다. 쿠키가 너무 맛있다며 쿠키 사업을 하라고 권하는 이들도 있을 정도였습니다.

처음에는 사람들의 말을 흘려 들었던 에이모스는 마침내 한번 해 보기로 결심하고 쿠키 사업을 시작하게 되었습니다. 그리고 그는 현재 '에이모스 초콜릿 칩 쿠키'라는 세계에서 가장 큰 쿠키 회사의 사장이 되어 있습니다.

또 취미로 목공일을 시작했다가 은퇴 후 이를 사업으로 연결시킨 50대 가장도 있습니다. 그의 목공 사업은 이제 가족 경영 기업으로 크게 성장하여 뜻하지 않게 손자들까지 함께 일하게 되었습니다. 한 사람만 더 소개할까요?

모형 미니 자동차 경주가 취미였던 닐도 자신의 취미를 사업으로 발전시킨 청년입니다. 처음에 그는 중소기업 개발 센터의 도움을 받아 취미 반 사업 반으로 일을 시작했지요. 그러던 것이 지금은 '닐의 소형차 스피드웨이'라는 사업체로까지 성장했습니다.

이처럼 취미나 재미로 시작했던 일이 사업으로 연결되는 사례는 셀 수도 없이 많습니다. 프로슈머는 서서히 새로운 경제 형태로 발전하고 있습니다. 현재 전 세계에 있는 수천 개의 소규모 업체들이 사실은 프로슈밍을 하던 이들에 의해 만들어졌습니다. 이 업체들은 자신과 친구, 이웃을 위해 만들던 물건을 다른 사람들에게도 팔기 시작하면서 생겨난 것이지요.

취미 삼아 하던 프로슈밍은 이처럼 사업으로 발전될 뿐 아니라 하나의 산업 자체를 만들어 내기도 합니다. 바로 여러분이 즐겨하는 컴퓨터 게임이 엄청난 산업으로 발전한 것처럼 말입니다.

25년 전만 해도 정교한 컴퓨터 게임이나 시뮬레이션은 주로 군대에서 만들고 사용했습니다. 그러다가 일반 게이머들이 곧 온라인으로 조직체를 만들어 군사 전략에서 사용되던 게임들을 변경하고 개선해 나가기 시작했습니다.

1990년대 말부터 시장에 나와 있는 거의 모든 전투 게임에는 게임의 난이도를 직접 설정하는 기능은 물론, 캐릭터나 스토리를 자신이 원하는 대로 만들 수 있는 툴이 내장되어 있습니다. 그 결과 오늘날 컴퓨터 게임 산업은 할리우드 영화 산업보다 더 큰 규모로 성장했습니다.

취미로도 돈을 벌 수 있다니!

세상을 바꿔 버린 프로슈머들

혹시 여러분은 이제껏 지구상에서 발명된 지식 도구 중 가장 강력한 것이 무엇인 줄 알고 있나요? 그래요. 바로 인터넷과 월드와이드웹(WWW)[1]입니다.

오늘날 인터넷 없는 세상은 상상할 수도 없는 것처럼 월드와이드웹이 없는 인터넷도 상상할 수가 없습니다. '거미줄 모양의 망'이라는 뜻의 월드와이드웹은 인터넷상에 분산되어 있는 온갖 종류의 정보를 쉽게 찾아볼 수 있게 하는 서비스지요.

놀라운 것은 월드와이드웹도 프로슈밍에 의해 만들어졌다는 사실입니다. 그 엄청난 일은 바로 한 청년의 작은 배려에서 비롯되었습니다. 소프트웨어[1] 기술자였던 팀 버너슬리는 1989년에 스위스 제네바에 있는 유럽입자물리연구소에서 일하고 있었습니다.

그는 개인적으로 사용하기 위해 '인콰이어(Enquire)'라는 최초의 웹을 만들었습니다. 그리고 동료들이 이 웹을 사용하여 좀 더 편리하게 일을 할 수 있기를 바랐습니다. 돈을 벌기 위해서도 상사에게 잘 보이기 위해서도 아닌, 그저 자신이 좋아서 한 일이었습니다.

그 후 월드와이드웹은 우리 문화와 젊은이들의 학습 방식뿐 아니라 돈을 벌고, 사업을 하고, 부를 만드는 방식까지 바꾸어 놓았습니다. 단 한 명의 프로슈머가 세상을 획기적으로 변화시킨 이 엄청난 지식 도구를 탄생시킨 것입니다.

전 세계를 뒤흔든 또 한 명의 프로슈머가 있습니다. 여러분도 리눅스라는 소프트웨어에 대해 들어 본 적이 있을 것입니다. 리눅스는 전 세계적으로 수백만 명이 사용하고 있는 컴퓨터 운영 체제입니다. 마이크로소프트사의 독점 제품인 윈도와 달리 기본 소스를 무료로 공개하기 때문에 무료 공유 소프트웨어라고도 불리지요.

리눅스는 프로그램 소스 코드가 개방되어 있기 때문에 사용자가 원하는 대로 필요한 기능을 추가할 수 있을 뿐 아니라 그것을 기반으로 새로운 제품을 만들어 낼 수도 있습니다.

이러한 장점 때문에 미국 기업 중에 40퍼센트 정도가 리눅스를 사용하고 있고, 중국 정부는 모든 공무원에게 리눅스 사용을 권하고 있습니다. 또한 브라질이나 인도는 물론 160개국 이상의 정부에서도 리눅스 프로그램을 사용하고 있습니다.

그런데 이 모든 일이 21살 청년의 프로슈밍에 의해 비롯되었다는 사실을 아는 사람은 많지 않을 것입니다.

1991년 핀란드 헬싱키 대학의 학생이던 리누스 토발즈는 대형 컴퓨터에서만 쓰는 운영 체제인 유닉스를 사용하고 있었습니다. 그러다 유닉스를 개인용 컴퓨터에서도 쓸 수 있도록 새로운 버전의 운영 체제를 만들기 시작했지요. 3년 동안 심혈을 기울인 끝에 토발즈는 마침내 리눅스 운영 체제를 내놓는 데 성공했습니다.

취미로 시작한 일이 세계적인 기업인 마이크로소프트사를 흔들고 세상을 놀라게 했던 것입니다. 프로슈머로 시작한 일이 자신도 모르는 사이에 엄청난 경제적인 결과를 낳은 거죠. 이제 프로슈밍이 보이는 화폐 경제에서도 왜 그토록 중요한지 조금은 이해가 되었나요?

무시할 수 없는 영웅

프로슈밍이 반드시 긍정적이고 좋은 목적으로만 사용되는 것은 아닙니다. 예를 들면 혼자 힘으로 폭탄이나 독극물을 만들어 이것을 유포시키는 나쁜 사람들도 있을 뿐 아니라 자기도 모르는 사이에 한 회사에 큰 손해를 입히거나 심지어 망하게 하는 경우까지도 있으니까요.

숀 패닝이라는 이름의 18세 소년은 컴퓨터와 음악을 매우 좋아했습니다. 그는 듣고 싶은 노래를 다른 사람과 자유롭게 주고받을 수 없을까 고민하다가 새로운 소프트웨어를 개발했습니다. 그리고 그 소프트웨어에 자기의 별명을 따 냅스터라는 이름을 붙였지요. 그런데 이 일이 태풍을 몰고 오게 될 줄은 처음에는 누구도 예상하지 못했습니다.

냅스터는 개인들이 가지고 있는 MP3 파일을 인터넷을 통해 공유하는 소프트웨어로 약 8,000만 명의 젊은이들이 이를 통해 자유롭게 음악을 주고받았습니다. 이 일은 화폐 경제에 팔기 위해 나온 상품을 비화폐 경제로 바꿔 버리는 결과를 낳았습니다. 냅스터에 열광한 사람들에 의해 한 달에 거의 28억 곡에 달하는 음악 파일이 무료로 다운로드 되었으니까요.

큰 손해를 입게 된 음악 업계는 결국 냅스터를 고소하기에 이르렀고, 이 일을 시작한 패닝은 전 세계 주요 신문의 1면을 장식했습니다. 더러는 신격화되고 더러는 작은 악마로 묘사되면서 말입니다. 한동안 서비스를 중지했던 냅스터는 이후 유료 서비스로 다시 회생했습니다. 화폐 경제로 되돌아온 것입니다.

하지만 이런 사건들은 앞으로 다가올 일들에 대한 시작일 뿐입니다. 앞으로 닥쳐올 태풍은 음악에만 국한되지는 않을 것입니다. 또 다른 젊은이들이 기술과 지식으로 무장하고 시장을 파괴하는 역할을 하게 될지도 모르니까요.

지금 인터넷에는 30억 개 이상의 웹 사이트들이 올라와 있습니다. 그중 대부분은 스스로 자기 시간과 지식을 투자하여 만든 자료와 글들입니다. 교수와 학생들이 올린 학술 논문들에서부터 과학자들이 주고받는 최신 연구 분야에 대한 논쟁, 시민 기자들이 올리는 실시간 뉴스도 있지요. 그러나 별 의미도 없고 정확하지도 않은 정보들로 이루어진 잡다한 사이트들 또한 많습니다.

여러분 중에도 자신의 홈페이지와 개인 블로그를 가지고 있는 친구들이 많을 것입니다. 이처럼 끊임없이 만들어지고 있는 인터넷 콘

텐츠도 모두 프로슈밍의 산물입니다.

이처럼 돈과 관련 없이 하는 행위는 앞으로 돈과 관련 있는 행위에 점점 더 커다란 영향을 미치게 될 것입니다. 여러분도 재미있어서 혹은 취미 삼아 빠져드는 일이 지금 당장 돈과 관련이 없다고 하여별 볼일 없다고 생각해서는 안 됩니다. 프로슈머는 앞으로 다가올 경제의 이름 없는 영웅이 될 테니까요.

지금까지 프로슈밍이 무엇인지, 프로슈머들이 경제에 어떤 역할을 했고 또 하고 있는지에 대해 세계 곳곳을 두루 돌며 살펴보았습니다.

이제 보이지 않는 50조 달러가 어디에 숨어 있는지 알게 되었을 것입니다. 그리고 눈에 보이는 화폐 경제에 프로슈머들이 얼마나 많은 기여를 했는지도 이해하게 되었을 것입니다.

프로슈머 경제가 화폐 경제 이상의 가치를 가지는 데도 불구하고 지금까지는 GDP 측정이나 다른 여러 가지 경제 수치에 반영되지 못했습니다. 그러나 프로슈머 경제는 화폐 경제와 분리될 수 없으며 서로 상호 작용하면서 미래의 부를 만들어 가게 될 것입니다.

또한 프로슈밍은 점점 진화해서 앞으로 다가올 세상은 놀라울 정도로 달라질 것입니다. 부는 이제 단순히 돈의 문제만이 아니고, 눈에 보이는 것만이 아니라는 사실, 잘 이해했겠지요?

앨빈 토플러 박사가 들려주는 미래학 특강

새로운 세상,
새로운 생각

07

복잡한 것들과 친해지기

푸른 잔디 위에서 펼쳐지는 메이저리그의 야구 경기는 언제 봐도 재미있습니다. 또 축구에 열광하는 사람들은 거의 이성을 잃을 정도로 경기에 빠져들곤 하지요.

이처럼 재미있는 스포츠는 오래전부터 여가 활동으로서, 또 신체를 건강하게 해 주는 운동으로 많은 사랑을 받아 왔습니다. 하지만 오늘날의 스포츠는 여가나 운동에 그치지 않고 하나의 산업이 되어 경제에서 차지하는 비중을 갈수록 높여 가고 있습니다. 비즈니스로서의 스포츠는 다른 산업과 신기술에서도 영향을 받고 있으며 관객, 텔레비전 중계와 광고, 스폰서, 지적 소유권에 이르기까지 다양한 문제와 복잡하게 얽혀 있지요. 또한 팀과 리그도 다양하고, 그 사이에 얽혀 있는 규칙도 많이 늘어나고 더욱 복잡해졌습니다.

복잡해진 것은 스포츠만이 아닙니다. 변화하는 속도가 빨라질수록 복잡해지는 것도 많아집니다. 그래서 세상은 온통 복잡한 것들로 가득 차 있습니다.

요즘 나오는 최신형 휴대폰을 한번 볼까요? 휴대폰 하나면 전화 통화뿐만 아니라 모바일 뱅킹을 할 수 있으며, 음악도 들을 수 있고, 사진은 물론 동영상도 찍고, 게임도 할 수 있습니다. 또 길 안내도 받고, 메모도 저장하고, 녹음도 하고, 단어 검색도 할 수 있습니다.

하지만 이 모든 기능은 사용하기 쉬워야 합니다. 소비자들은 첨단 복합 기술이 주는 혜택은 기대하면서도 너무 복잡한 것은 기피하니까요. 기능이 많아질수록 휴대폰의 가격이 비싸지고 사용법을 익히는 데 어려움만 늘어 갈 뿐이지요.

휴대폰뿐 아니라 디지털 카메라, 냉장고, 텔레비전, 세탁기, 전기밥솥 등 가전제품도 마찬가지입니다. 제품 설명서를 아무리 꼼꼼히 읽어도 복잡한 기능을 다 알기 어렵고, 안다고 해도 사용하지 않게 되는 기능들이 대부분입니다. 이처럼 엄청나게 증가한 복잡성을 나는 잉여 복잡성'이라 부릅니다.

이렇게 여러 가지 기능을 집어넣은 휴대폰과 가전제품들은 고객의 필요를 위한 맞춤형 생산이 아닌 대량 생산 시대에서 비롯된 것이라 할 수 있습니다.

컴퓨터 역시 예외가 아닙니다. 전문가들마저 컴퓨터 프로그램이 몇 백 줄 이상 넘어가는 코드들로 구성될 경우 어떤 일이 진행되고 있는지 이해하기가 거의 불가능하다고 합니다. 그런데 현대의 컴퓨터 소프트웨어는 수백만 줄도 넘습니다. 마이크로소프트사의 윈도는 5,000만 줄로 이루어져 있으며, 차세대 버전인 윈도 비스타'는 그 이상입니다.

비즈니스와 금융, 경제, 사회 분야로 가면 복잡성은 더욱 커집니다. 빌 게이츠'의 말처럼 복잡성이 갈수록 천문학적으로 증가하고 있는 것입니다. 한 예로 미국의 세법은 지난 20년 동안 7,000번이나 바뀌었고, 페이지 수만 해도 74퍼센트나 증가했습니다.

미국인이 세금 신고서를 작성하고, 규정을 이해하고, 거래 기록을 수집 보관하는 데 매년 60억 시간 정도가 든다고 합니다. 지나치게 복잡한 세법 때문이지요.

이런 것들은 아주 작은 예에 불과합니다. 세계의 환경 규약, 금융과 무역에 관련된 규정, 질병 통제와 테러 예방 조치, 물과 자원에 관련된 협약들이 전 세계에 걸쳐 아주 복잡하게 얽혀 있습니다. 이외에도 서로 관련을 갖고 있는 기능과 절차, 법규 등이 끝없이 이어집니다. 하지만 너무도 애매하고 복잡한 이 규정과 법규들을 100퍼센트 이해하는 사람은 아마 아무도 없을 것입니다.

복잡성은 이제 우리 사회 어디서나 만날 수 있는 일상적인 것이 되어 버렸습니다. 거대한 파도처럼 밀려오고 있는 새로운 지식과 함께 이 시대의 제도들도 그만큼 많이 변화하게 된 것입니다.

지식 기반의 사회는 갈수록 복잡해지고 있으며 앞으로도 더욱 복잡해질 것입니다. 그러니 피할 수 없으면 즐겨야 합니다. 이제 복잡성을 잘 다루는 능력은 여러분의 미래를 좌우할 결정적인 능력이 될 테니까요.

발상을 바꿔라!

미국 로스엔젤레스의 고속도로 중 405번 도로는 극심한 교통 체증으로 악명이 높은 곳입니다. 얼마나 막히는지 그 도로와 나란히 있는 세풀베다라는 도로까지도 차들로 넘칠 정도지요. 그런데 세풀베다에는 세계에서 가장 특이한 자동차 세차장이 있습니다.

겉으로 봐서는 다른 세차장들과 다름없습니다. 하지만 계산을 하기 위해 안으로 들어가 보면 그때야 비로소 왜 이 세차장이 특이한지 알 수 있습니다. 그 안에는 세상에서 단 하나뿐인 세차장 서점이 있기 때문입니다.

세차하는 동안 멍하니 있는 것보다는 독서를 하면 좋겠다는 발상이 이처럼 기발한 사업을 탄생시킨 것입니다. 상상력을 넓히면 이처럼 기발한 아이디어를 얼마든지 끌어낼 수 있습니다.

마찬가지로 기업도 생각을 전환하면 얼마든지 중대한 변화를 일으킬 수 있습니다. 여러분도 IBM이라는 회사 이름을 들어 보았을 것입니다. IBM은 세계 컴퓨터 시장의 약 절반을 차지하는 미국의 대규모 컴퓨터 제조 업체입니다.

IBM은 어느 날부터 서비스 판매 분야에 더 힘을 쏟기 시작했습니다. 컴퓨터 업체에서 제품 생산보다 서비스 판매 분야에 더 많이 치중한다는 건 당시로서는 생각하기 힘든 일이었죠. 하지만 IBM의 이런 전략은 성공했습니다. 2004년 서비스 부문에서의 수입이 IBM

총수입의 48퍼센트를 차지하는 460억 달러에 달했습니다. 서비스 부서는 17만 5,000명의 직원을 둔, IBM 내에서 가장 큰 부서가 되었습니다.

코닥¹이라는 세계적인 회사는 사진 필름을 주로 생산해 왔습니다. 그런데 디지털 카메라로 사진을 찍으면서부터 사람들은 필름을 거의 사용하지 않게 되었지요. 이로 인해 코닥의 사업은 매우 어려워졌습니다.

하지만 코닥은 좌절하지 않고 뒤늦게나마 디지털 사진 기술 분야에 도전하겠다는 결정을 내렸습니다. 도전은 성공적이었고, 코닥은 새로운 디지털 사진 분야에서도 아주 우수한 기술을 보유하게 되었습니다.

이러한 변화는 기업에서뿐 아니라 변화 속도가 느린 공공 부문에서도 일어날 수 있습니다. 공공 부문에 새로운 변화를 일으킨 주인공으로 뉴욕 경찰청의 리더 한 사람을 소개할까 합니다.

1994년 뉴욕 경찰청의 새로운 책임자가 된 윌리엄 브라톤은 범죄자를 잡는 것보다 미래에 일어날 범죄를 예방하는 데 더 중점을 두겠다고 선언했습니다. 그러고는 경감들에게 일주일에 한 번씩 보고 자료를 제출하게 했습니다. 자신이 맡은 지역에서 일어난 범죄를 예측 또는 분석하고 이에 대처하기 위해 자신이 한 일을 매주 설명하게 한 것이죠.

그러자 경찰들 사이에서는 불평이 일었습니다. 당장 범죄자를 잡는 일도 힘든데, 보고 자료에다 범죄 예방 활동까지 하자니 불만이 쌓일 수밖에요. 하지만 브라톤은 이에 흔들리지 않고 자신의 소신대로 밀고 나갔습니다. 뿐만 아니라 부패 근절, 경찰의 도덕성 함양, 지역 관할 기관으로의 권력 이양 등을 실천했지요. 이를 통해 그는 시민들에게 경찰에 대한 신뢰와 존경심을 심어 주었습니다.

그가 이룬 혁신 중에서도 가장 유명한 것은 깨진 유리창 이론과 관련한 정책이었습니다. 이는 남의 집 창문을 깨거나 벽에 낙서하는 등 아주 작은 범죄조차도 끝까지 추적하라는 명령이었습니다. 이처럼 작은 범법 행위를 없애는 일은 미래에 더 큰 범죄를 저지를 수 있는 여지를 애초부터 꺾는 성과를 거두었습니다. 깨진 유리창 이론과 연관된 정책을 활용해서 윌리엄 브라톤이 업무를 수행한 27개월 동안 뉴욕에서 일어난 사건 가운데 살인 사건은 44퍼센트, 그리고 중범죄는 25퍼센트나 줄어들었습니다.

IBM이나 코닥, 뉴욕 경찰청처럼 아주 크고 오래된 조직에도 이처럼 변화와 혁신을 이끌 발명가가 필요합니다. 과학과 기술 분야에서 활동하는 발명가처럼 회사나 조직, 기관 등에도 새로운 발상과 창조적 아이디어를 가진 사회적 발명가가 필요한 것이죠. 그래야만 언제 다가올지 모를 위기와 한계에서 벗어날 수 있을 뿐 아니라 변화와 혁신을 통해 성장을 거듭할 수 있기 때문입니다.

세상을 바꿔라!

1976년 방글라데시에서 있었던 일입니다. 경제학자였던 무하마드 유누스는 그라민 은행^ⁱ을 만들었습니다.

그라민 은행은 우리가 알고 있는 일반 은행들과는 아주 달랐습니다. 이 은행이 주로 상대하는 고객은 조그만 사업을 시작하려는 농촌의 가난한 개인 사업자들이었으니까요.

그라민 은행은 이들에게 30달러 내지 50달러 정도를 빌려 주었습니다. 그러고는 돈을 빌려 쓰는 사람들에게 담보^ⁱ를 요구하지도 않았지요. 담보도 없이 돈을 빌려 주었다가 나중에 돌려받지 못하면 은행이 고스란히 손해를 보게 되는데도 말입니다.

그러니까 그라민 은행은 상식적으로 말도 안 되는 일을 벌인 것입니다. 일반 은행에서는 거래를 피하는 극빈자들에게, 작은 대출금을, 그것도 담보도 없이 빌려 주었으니 말이죠.

그라민 은행은 담보 대신 그 지역에 사는 사람들이 공동으로 보증을 서게 했습니다. 보증을 서는 대신 대출 받은 사람이 사업을 해서 이익을 내면 같이 나누어 가질 수 있게 했습니다. 돈을 못 갚으면 빨리 갚도록 도와 주는 역할을 맡긴 것입니다.

그런데 다른 은행에서는 상상도 할 수 없는 일을 시작한 그라민 은행은 뜻밖에도 큰 성공을 거두었습니다. 2005년에는 430만 명에게 470억 달러라는 엄청난 금액을 대출해 줄 만큼 성장했으니까요. 그 이후로 그라민 은행은 전 세계 34개국에 비슷한 방식의 은행을 개설했으며, NGO를 돕기 위한 재단도 설립했습니다. 그라민 은행만의 독특한 방식을 모방하는 수많은 조직들도 생겨나고 있지요. 이런 업적으로 그라민 은행과 무하마드 유누스 박사는 공동으로 2006년 노벨평화상을 받았습니다.

전 세계적으로 커다란 영향력을 발휘한 유누스 박사의 독특한 발상도 사회적 발명이라 할 수 있습니다. 이처럼 남다른 상상력을 발휘하여 조직이나 제도는 물론 세상을 변화시킨 사회적 발명들은 무수히 많습니다.

서점 없는 서점을 만들어 낸 아마존닷컴이나 소비자들이 직접 물건을 올리고 경매하는 인터넷 경매장을 만든 이베이의 새로운 발상도 전 세계에 대단한 영향을 끼쳤습니다. 또 구글이나 야후 같은 검색 사이트들은 도서관이 하는 일을 바꾸어 놓고 출판 산업을 변화시키면서 하루에 수십 억 개의 질문을 처리하고 있습니다.

이 시대는 그 어느 때보다도 창조적이며 새로운 시도를 두려워하지 않는 사람들을 필요로 하고 있습니다. 반짝이는 아이디어와 새로운 발상 그리고 더 강력한 지식으로 무장한 이들이 만들어 갈 세상은 어떤 모습일지 기대가 됩니다. 여러분도 아주 작은 것에도 늘 생각의 문을 활짝 열어 두세요. 여러분의 새로운 발상 하나가 이 세상을 변화시킬 수 있다면 얼마나 재미있는 일이겠습니까.

어제보다 오늘이 더 불행한 이유

오늘날 대부분의 미국인들은 1950년대보다 훨씬 더 풍요롭게 살고 있습니다. 얼마만큼이나 풍요로워졌는지 한번 비교해 볼까요?

1950년대 미국의 일반 가정은 소득의 20퍼센트 정도를 식비로 사용했습니다. 그러나 현재는 10퍼센트 정도를 식비로 사용하지요. 이는 먹고사는 것에 얽매이지 않을 만큼 소득이 늘어났다는 의미가 됩니다. 또 예전에는 의복비가 개인 지출의 11퍼센트를 차지했던 반면 요즘엔 6퍼센트로 줄어들었습니다.

그리고 미국인 중 약 55퍼센트만이 자기 집을 가졌던 1950년대에 비해 오늘날에는 그 비율이 70퍼센트에 이르며 집의 크기도 훨씬 커졌습니다. 평균 수명도 1950년 68.2세에서 2000년 76.9세로 늘어났지요.

그 어느 것을 비교해 봐도 모두 형편이 나아졌습니다. 그런데 요즘 미국인들은 예전보다 더 불행해 보입니다. 왜 그럴까요? 그건 아마도 물질적으로는 풍족해졌지만 정신적으로는 행복하지 않은 사람들이 많아졌기 때문일 것입니다.

잠시 평범한 미국인들이 주고받는 얘기들을 한번 들어볼까요? 소득이 갈수록 불공평해지고, 교통 체증도 더 심해지고, 아무리 바쁘게 일해도 늘 시간에 쫓긴다며 사람들이 불만을 늘어놓고 있습니다. 또 컴퓨터가 너무 자주 다운된다든지 휴대폰이 통화 중에 자주 끊긴다는 사소한 불평에서부터 사회 곳곳에서의 부패와 비효율성에 대한 불만도 털어놓고 있군요. 더 나아가 가족의 중요성, 도덕과 전통의 가치, 개인과 기업의 윤리가 모조리 사라졌다고 세상을 통째로 비난하기도 합니다.

이렇게 가치관에 대한 얘기로 넘어가면 사람들의 감정은 더욱 격해집니다. 이런 것으로 보아 미국인이 불행한 이유에는 가치관의 문제가 많은 부분을 차지하고 있는 것 같습니다.

제도의 변화에 따라 그 사회의 가치관도 변하기 마련입니다. 따라서 늘 변화하는 사회에 잘 적응하기 위해서는 일부 낡은 가치관은 내버리고 항상 새로운 가치관을 받아들여야 합니다.

오늘날에는 독신 가정, 이혼 가정도 많고, 동거는 물론 새로운 형태의 대가족에서부터 생활 공동체적 가족에 이르기까지, 가족의 형태가 참으로 다양해졌습니다.

지식 사회에 접어들면서 혈연이나 제도보다는 개인의 취향이나 선택이 더 중요시되고 있는 것입니다. 또 남녀가 평등해지면서 여성들은 이제 전통적인 역할에서 벗어나 자아 실현과 사회적 성취를 추구하려 합니다. 그러면서 전통적인 결혼과 가족 제도는 더 많은 위협을 받게 되었지요.

가족 제도가 이렇게 변해 가고 있는데도 아직도 산업 시대 가족 제도의 가치관만을 고집하거나 농경 시대 대가족 제도의 가부장적

인 가치관을 고수하는 사람들도 많이 있습니다.

기업도 마찬가지입니다. 기업의 경영도 차츰 여성적인 경향으로 가치관의 변화를 보이고 있습니다. 산업 시대의 기업들은 위계 질서와 엄격한 규칙 그리고 명령과 통제 등 남성적인 경향을 중요시했습니다. 이제는 그보다 융통성과 협조, 팀워크가 우선이 되고 있으며 요즘 회사들이 내세우는 광고 전략도 대부분 따뜻한 감성에 초점을 맞추고 있습니다.

대량 생산을 하던 산업 사회에서는 육체 노동을 위한 힘과 체력이 필요했습니다. 하지만 지식 사회에서 기업이 필요로 하는 것은 힘보다는 오히려 섬세한 감성이나 새로운 발상입니다. 그런데 아직도 남성적인 가치를 더 중요시하는 사람들이 있고, 이들은 기업의 발 빠른 변화를 따라잡지 못하고 있는 듯합니다.

사람들은 모두 누더기가 되어 버린 과거의 가치관과 늘 새롭게 변하는 현재의 가치관 그리고 빠르게 다가오는 알 수 없는 미래 앞에 불안하게 서 있습니다. 그러니까 어쩔 수 없는 시대의 변화와 가치관의 변화 앞에 늘 유연한 사람만이 불행을 이겨낼 수 있을 것입니다. 굳건한 소나무는 뿌리째 뽑힐 수도 있지만 이리저리 흔들리는 유연한 갈대는 모진 바람에도 살아남을 수 있으니까요.

과거에 새 옷을 입혀라!

그렇다고 해서 과거의 제도와 가치관을 무조건 무시해서도 안 됩니다. 구시대의 유물을 버리는 것도 필요하지만, 과거와 현재를 통합하여 새로운 방식을 만들어 내는 것도 중요하기 때문입니다.

혁신가들은 과거 산업 사회 이전의 모델을 찾아내어 새로운 바람을 일으키기도 합니다. 과거와 닮았지만 보다 나은 제도를 현재에 만들어 내는 것이지요. 결혼 중매가 바로 그런 예에 해당합니다.

옛날에는 남녀가 결혼을 할 때 중매로 맺어지는 것이 대부분이었습니다. 요즘도 시골에서는 동네 중매쟁이가 나서서 부부의 인연을 맺어 주곤 하지요.

하지만 현대 도시에서는 익명성과 사생활의 보호 등으로 인해 개인 간의 접촉이 더욱 힘들어지고 있습니다. 그래서 젊은이들이 직접 짝을 찾을 기회도 점점 더 줄어들고 있습니다.

이로 인해 생겨난 것이 바로 현대판 중매쟁이라고 할 수 있는 온라인 결혼 중매입니다. 과거의 중매쟁이가 오늘날 컴퓨터를 통해 다시 우리 곁으로 돌아온 것이죠. 자신이 원하는 조건에 맞는 배우자를 만나는 데 이만큼 좋은 시스템은 없을 것입니다.

어쩌면 미래의 결혼 중매자는 온라인 게임을 하는 동안 무의식적으로 나타나는 사고 방식과 성향을 보며 남녀의 짝을 맺어 줄지도 모르겠습니다. 즉 컴퓨터 게임을 하면서 자연스럽게 서로 맞선을 보게되는 거죠.

또 다른 예를 교육에서 한번 찾아보겠습니다. 앞에서 얘기했듯이 정부 관료 조직보다 더 느린 속도로 느릿느릿 움직이는 곳이 바로 학교입니다. 그러다 보니 학교 교육에 불만을 가지는 부모들이 많습니다.

농경 사회나 대량 생산 사회에서는 보통 동네에서 가장 학식 있는 사람이 교사였습니다. 그러나 오늘날에는 부모들이 자신들의 자녀를 가르치는 교사보다 훨씬 교육 수준이 높기도 합니다. 따라서 학교 교육에 불만을 품은 어떤 부모들은 아이를 학교에 보내지 않고 집에서 스스로 가르치기도 합니다.

홈스쿨링'이 바로 그러한 교육 형태입니다. 미국 전역에서는 100만 명 이상의 학생이 홈스쿨링으로 공부하고 있는 것으로 추산되고 있습니다.

물론 어린이가 집에서 공부를 하면 다른 아이들과 어울리는 법을 배우지 못한다고 염려하는 사람들도 있습니다. 그러나 이들 부모는 다른 아이들과 모여 축구도 하게 하고, 조금 더 자라면 자원 봉사 활동도 하면서 사회성을 발달시키면 된다고 생각합니다.

홈스쿨링 역시 대부분의 어린이들이 집에서 교육을 받았던 산업 시대 이전의 관습이 오늘날에 와서 변형되어 나타난 것이라고 볼 수 있습니다.

한편 현재의 교육 시스템 안에서 새로운 바람을 일으키려는 시도도 있습니다. 1992년 미국은 민간에 공립 학교의 운영을 맡겨 교육의 혁신을 꾀하고자 했습니다. 공립 학교이면서도 실험적으로 학교를 운영할 수 있는 차터 스쿨이 그런 대안 학교지요. 아직은 미국의 전체 학생 중 2퍼센트만이 차터 스쿨에 다니고 있고, 교육 성과도 고르지 못합니다. 그러나 많은 차터 스쿨이 교육 혁신의 가능성을 보여 주고 있습니다.

이처럼 혁신은 과거에 새 옷을 입혀 재창조될 수도 있고, 기존 시스템 안에서 새로운 대안을 찾을 수도 있습니다. 역사는 변혁을 추구하는 사람들이 만들어 왔고 더 나은 미래 또한 혁신을 꿈꾸는 사람들이 만들어 가게 될 것입니다.

HEIDI TOFFLER

내일의 학교, 내일의 교육

지식 + 플러스

매일 아침, 아이들은 학교에 갑니다. 학교는 모든 아이를 한 교실에 모아 놓고 똑같은 지식과 기술을 가르칩니다. 이처럼 붕어빵을 찍어 내듯 똑같은 아이들을 만들어 내는 교육의 모습은 전 세계 어느 교실에서나 볼 수 있는 일상적인 풍경입니다.

미국의 경우 공교육의 기초가 다져진 것은 19세기 말부터입니다. 당시 공교육의 가장 큰 목표는 산업화에 맞는 인재를 길러 내는 것이었기 때문에 아이들은 대량 생산 체제에 맞는 대량 교육 시스템 아래서 공업 위주의 교육을 받았습니다. 시간이 흘러 산업은 제3물결로 옮아갔고, 사회는 지식과 정보로 무장한 창의력 넘치는 인재를 필요로 하게 되었습니다. 그러나 학교 교육은 여전히 대량 생산 체제인 제2물결 시대의 교육 그대로입니다.

다행인 것은 이런 상황에서 벗어나고자 사회 전반적으로 교육 시스템을 재구성하려는 창의적인 노력이 전 세계적으로 진행되고 있다는 것입니다. 이러한 노력은 기존의 교육 제도에 변형을 가하는 대안 학교, 실험 학교 등 다양한 모습으로 나타나고 있으며 교사뿐 아니라 학부모들이 직접 나서서 개혁과 혁신을 이끌고 있습니다.

미국에서는 자녀 교육을 집에서 담당하는 홈스쿨링이 점점 늘어나고 있고, 제한적이지만 학교를 실험적으로 운영할 수 있는 자유를 부여받은 공립 학교

인 차터 스쿨이 운영되고 있기도 합니다. 캘리포니아 클로비스에 있는 첨단연구기술센터의 경우는 1,200명의 고등학생들이 정보 기술을 이용하여 실제 지역 사회 문제를 해결하고 있으며 교사뿐 아니라 지역의 비즈니스 리더들도 학생들을 가르치는 일에 적극적으로 참여하고 있습니다.

학생들은 이곳에서 파트 타임으로 일하면서 회사, 산업체, 무역, 서비스 분야의 전문가들과 함께 연구 프로젝트를 수행합니다. 그리고 시장성 있는 새로운 생산품을 발명하기도 하는데, 지금까지 시각 장애인을 위한 초음파 지팡이를 비롯해 장애인을 위한 여러 기구를 발명했습니다.

이처럼 내일의 교육은 지금처럼 한 교실에서 똑같은 교육을 받는 형태가 아니라 좀 더 다양한 장소에서 다양한 형태로 이루어질 것이며, 이를 통해 미래를 이끌어 갈 유능한 젊은이들이 길러지게 될 것입니다.

앨빈 토플러 박사가 들려주는 미래학 특강

08

자본주의의

미래

돈이 사라지고 있다!

"아시다시피 24세기에는 돈이란 것이 없습니다."

공상과학 영화 〈스타트렉〉 8편에 등장하는 우주선 선장의 말입니다. 1996년에 이 영화를 본 사람들은 그저 공상과학 영화에서나 하는 얘기라고 생각했을 것입니다. 하지만 나는 선장의 말처럼 그때쯤에는 돈은 물론 자본주의도 사라질 것이라 예상합니다. 어쩌면 자본주의는 24세기가 되기 훨씬 전에 사라질지도 모르겠습니다.

화폐의 발명은 인류에게 가장 큰 변화를 가져다 준 대사건 중의 하나입니다. 그리고 자본주의는 돈을 기반으로 하여 운영되어 왔습니다. 돈이 있어야 먹을 것도 사고, 필요한 물건들도 사고, 공부도 할 수 있으니까요. 어디를 가든 돈이 없으면 우리는 아무것도 할 수가 없습니다. 그런데 돈이 사라지면 어떻게 될까요?

우주선 선장의 말은 충분히 가능성이 있는 이야기입니다. 벌써부터 우리 주위에서 그런 조짐들이 일어나고 있으니까요.

1958년, 미국에서 최초로 신용 카드가 발급되었습니다. 신용 카드는 전통적 의미의 화폐를 대신하여 등장한 최초의 대안 화폐라 할 수 있습니다. 현재 미국에서 발급된 신용 카드 수는 무려 8억 4,000만 장 이상으로, 미국인들은 신용 카드를 이용해 매년 1조 달러를 지출하고 있습니다. 이는 현금 지출보다 많은 액수입니다. 눈에 보이지 않는 돈이 벌써 눈에 보이는 돈의 사용을 넘어서 버린 것입니다.

신용 카드와 전자 상거래 등으로 눈에 보이는 돈의 사용은 갈수록 줄어들고 있다.

그뿐만이 아닙니다. 요즘은 집에서 컴퓨터를 이용해 주식을 사고 팝니다. 사고파는 데 불과 몇 초도 걸리지 않지요. 하지만 눈에 보이는 돈은 오가지 않습니다. 언젠가는 증권 거래소도 모두 전자 시장으로 대체될지도 모릅니다. 눈에 보이는 돈이 오가지 않는 것은 인터넷 쇼핑몰에서 전자 상거래¹를 할 때도 마찬가지입니다.

한편 우리는 종종 적립한 마일리지 포인트를 이용해 공짜로 경품을 받는 경우가 있습니다. 어떤 사람은 항공사의 마일리지 포인트로

공짜 비행기 표를 얻기도 합니다. 원래 이 마일리지 포인트는 돈과 달리 다른 사람에게 주는 것이 불가능하지만, 항공사들은 최근 고객이 적립한 마일리지를 친구나 가족에게 줄 수 있도록 했습니다.

또 마일리지 포인트를 공짜 비행기 표뿐만 아니라 호텔 객실, 렌터카, 헬스클럽 회원권, 하키 경기 입장권 등 다양한 상품으로 바꿀 수 있도록 하는 등 다양한 마일리지 서비스¹를 제공하고 있습니다. 이제는 마일리지 포인트도 마치 돈처럼 사용할 수 있게 된 것이지요. 따라서 앞으로는 항공사들의 마일리지 포인트가 어쩌면 일부 국가에서 발행하는 화폐보다 더 큰 가치를 갖게 될지도 모를 일입니다.

아주 특별한 카드를 발급해 드립니다!

쿠알라룸푸르에 있는 아랍 말레이시안 은행은 이슬람교를 믿는 고객들에게 아주 특별한 카드를 발급하고 있다. 이것은 나이트클럽이나 안마 시술소 같은 곳에서는 절대로 사용할 수가 없는, 그러니까 일종의 향락 방지 카드라고 할 수 있다.

이 향락 방지 카드에서 힌트를 얻어 앞으로는 부모가 자녀에게 술이나 담배 등을 살 수 없는 모범생 카드를 발급해 주는 일이 생길지도 모르겠다. 또 피자나 햄버거의 유혹을 뿌리치기 힘든 뚱뚱한 사람들은 패스트푸드점에서는 사용할 수 없는 비만 방지 카드를 신청할 수도 있고, 사회적으로 물의를 일으킨 기업의 제품들을 절대 구입할 수 없는 보이콧 카드가 등장할 수도 있고, 지출을 줄일 수 있도록 하루에 얼마 이상은 사용할 수 없는 짠돌이 카드가 나올 수도 있겠다.

또 어떤 특별한 카드를 발급할 수 있을지 상상해 보고 좋은 생각이 떠올랐다면 카드 회사에 아이디어를 한번 팔아 보는 건 어떨까?

한편 한국에서는 이보다 훨씬 앞선 최신 기술이 카드를 퇴물로 만들고 있습니다. 휴대폰이 바로 그것이죠. 은행에서 제공한 칩이 들어 있는 휴대폰으로 고객은 손쉽게 물건을 구입할 수 있습니다.

이런 결제 시스템은 고급 의류점과 레스토랑, 자판기, 지하철역 등에서 이미 대부분 사용되고 있습니다. 이러한 기술의 등장으로 돈뿐만 아니라 카드 역시 언젠가는 사라질 것입니다.

미래의 화폐

돈을 대신하는 새로운 결제 수단은 기술의 발전과 함께 끊임없이 다양해질 것입니다. 소니, 필립스, IBM, 선 마이크로시스템스 등의 세계적인 기업들은 이제 신용 카드를 대신할 수 있는 결제 수단을 찾기 위해 노력하고 있습니다.

따지고 보면 신용 카드는 개인의 신원을 확인할 수 있는 여러 가지 방법 중의 하나일 뿐입니다. 따라서 신원만 확인할 수 있다면 어떤 방법이든 결제 수단으로 이용할 수 있을 것입니다.

예를 들면 우리의 새끼손가락에 조그만 칩을 이식해 언제 어디서나 원하는 물건을 자유롭게 구입하는 것입니다. 새끼손가락에 이식한 칩으로 신원 증명은 물론 은행 계좌 정보와 산 물건의 금액 결제를 무선으로 실행하는 거죠. 하루가 다르게 소형화되는 칩과 무선 기술의 놀라운 발전을 보면 손가락으로 결제하는 것이 현실이 될 날도 그리 머지않은 것 같습니다.

이미 일본의 신용 카드 회사인 JCB는 손가락과 혈관 인식을 통해 신원을 파악하는 시스템을 도입했습니다. 이밖에도 수많은 은행과 카드 업체들이 망막이나 음성 또는 얼굴 인식 등 다양한 생체 인식 기술을 도입하기 위해 노력하고 있습니다.

이처럼 돈을 대체하는 수단이 빠른 속도로 다양하게 발전하고 있다는 것은 과거 산업 사회의 대량 생산 체제에서 벗어나고 있다는 증

거이기도 합니다. 세계적인 기업들은 이런 변화에 대응하여 발 빠르게 움직이고 있습니다.

소니의 경우 회사 안에서만 사용할 수 있는 전용 화폐의 발행을 검토하고 있습니다. 전용 화폐를 사용하게 되면 중국에 있는 소니 지사는 벌어들인 돈을 달러나 일본 돈으로 바꾸지 않고도 일본이나 다른 지역의 지사와 사업을 할 수 있습니다. 한 걸음 더 나아가 혼다나 캐논 같은 다른 기업과 공동 화폐를 발행할 수도 있을 것입니다. 그렇게 되면 환율'의 변화에도 영향을 받지 않을 뿐 아니라 다른 나라 돈으로 환전할 때 내는 수수료로부터도 자유로울 수 있으니 일석이조의 이익을 얻을 수 있는 거죠.

현재는 한 기업이 다른 나라의 기업들과 거래를 할 때 대부분 달러를 기준으로 삼습니다. 그러나 언젠가는 소니가 내놓은 전용 화폐가 달러를 대신할 날이 올지도 모르겠습니다. 또 세계적인 대기업들이 연합하여 공동으로 발행하는 화폐가 달러나 유로를 대신할 수 있을지도 모릅니다.

결제와 관련된 새로운 시스템의 발달은 직장인들이 회사에서 월급을 받는 방법에도 변화를 가져올 수 있습니다. 산업화 시대에는 근로자들이 월말이나 주말에 임금을 받았습니다. 지금도 대부분의 근로자들이 이런 식으로 임금을 받고 있지요.

그러나 정확하게 따져 볼 때 이것은 근로자들에게 지급해야 할 임금을 회사에서 한 달 동안 혹은 일주일 동안 공짜로 가지고 있는 것이나 다름없습니다. 즉 근로자가 회사에 무이자로 돈을 빌려 주고 있는 셈이지요.

그러나 전기 요금이나 가스 요금 같은 공공요금은 이와 반대입니다. 고객이 한 달간 먼저 사용한 후 다음 달에 돈을 지불합니다. 이 경우에는 고객이 혜택을 받고 있는 셈입니다.

앞으로 기업과 고객이 모두 유무선 통신망으로 연결되고 전자 결제 시스템이 완비된다면 공공요금을 실시간으로 내게 될지도 모릅니다. 즉 하루에 전기를 5킬로와트 사용했다면 그날 바로 그에 해당하는 전기 요금을 낸다는 얘기입니다. 그렇게 되면 수금이 그만큼 빨라지므로 공공요금을 받는 사업자는 이를 다시 다른 곳에 사용하거나 투자할 수 있게 될 것입니다.

근로자들 역시 월급날을 기다리기보다는 전자 결제 시스템을 통해 실시간으로 임금을 요구하게 될지도 모릅니다. 월급은 늦게 받으면서 공공요금만 실시간으로 결제할 수는 없을 테니까요.

이와 같은 실시간 결제 시스템은 하루 24시간 내내 무엇인가를 만들어 내는 지식 기반 경제체제에서 나타나는 자연스러운 과정으로 볼 수 있습니다. 그렇다고 여러분도 한 달이나 일주일에 한 번씩 받는 용돈을 오늘부터는 부모님께 실시간으로 요구하는 건 아니겠지요?

포도주와 닭을 맞바꾸다

두 명의 농부가 술집에 앉아 포도주를 마십니다. 그때 웨이터가 그들에게 계산서를 건넵니다. 계산서를 한번 쓱 훑어본 농부는 주저없이 자신의 보따리에서 닭 한 마리를 꺼내 웨이터에게 줍니다. 그러자 웨이터는 거스름돈으로 달걀 2개를 테이블에 올려놓습니다. 달걀을 받은 농부는 그중 하나를 다시 웨이터에게 건넵니다. 팁을 주는 것입니다.

1930년대 프랑스에서 상영된 〈백만장자〉라는 영화의 한 장면입니다. 이 엉뚱한 장면은 당시 경제공황으로 돈이 가치를 잃은 상황을

풍자한 것입니다. 하지만 돈이 세상에 존재하지 않았던 사회에서는 대부분이 이 영화 장면처럼 물물교환을 했습니다. 그런데 요즘에도 이런 물물교환이 활발히 이루어지고 있다고 하면 여러분은 아마 고개를 갸웃거릴지도 모릅니다.

미국의 경제 전문지 〈포브스〉에 따르면 세계 500대 기업 가운데 60퍼센트 이상이 물물교환을 하고 있다고 합니다. 심지어 제너럴 일렉트릭이나 매리어트 같은 거대 기업들조차 상품과 서비스를 물물교환하는 것으로 조사되었습니다. 또 다른 언론 보도를 봐도 전 세계 주요 기업 가운데 3분의 2가 물물교환을 하고 있으며, 물물교환을 전담하는 부서까지 따로 두고 있다고 합니다.

이상하게 생각되겠지만 우리 주위에서는 이미 그와 같은 일들이 많이 벌어지고 있답니다. 자, 그럼 기업이나 국가 간의 물물교환은 어떻게 이루어지고 있는지 알아보기로 할까요?

2002년 아르헨티나의 경기가 갑자기 나빠지면서 자동차 판매가 급속히 감소했습니다. 그러자 자동차 회사인 도요타와 포드는 차량 판매 대금으로 곡물을 받기로 결정했습니다. 또 우크라이나가 천연가스 대금을 갚지 못해 엄청난 빚더미에 올라앉자 러시아는 대금의 일부로 공군 폭격기 8대를 받기도 했습니다. 뿐만 아니라 러시아는 30억 달러 정도에 해당하는 보드카를 펩시콜라 시럽과 교환하기도 했습니다. 이외에도 알파카 의류에서부터 아연에 이르기까지 다양한 상품들이 러시아의 보드카와 물물교환으로 거래되었습니다.

수출을 조건으로 수입을 허용하는 연계 무역도 물물교환의 한 형태로 볼 수 있을 것입니다. 전 세계 200개국 이상이 연계 무역을 하고 있으며 그 거래 규모는 연간 8,000억 달러에서 1조 2,000억 달러에 이른다고 합니다.

물물교환은 국가와 기업뿐 아니라 개인 간에도 많이 이루어지고 있습니다. 영화의 한 장면처럼 포도주와 닭을 바꾸는 것이 아니라 그보다 훨씬 더 다양한 방식으로 말입니다.

여러분도 아마 친구로부터 만화책이나 게임 CD를 빌려 보는 대신 아끼는 물건을 하나 준다거나 뭔가 부탁을 들어 준 적이 있을 겁니다. 어른들도 마찬가지입니다. 한 변호사가 친구에게서 테니스를 배우는 대가로 그 친구의 법률적인 문제를 해결해 줄 수도 있고, 공짜로 치료를 받은 시골 할머니가 의사에게 검정콩 한 말을 선물하는 경우도 있습니다.

물론 고마움에 대한 답례지만 경제적인 관점에서 보면 이것도 틀림없이 물물교환의 한 형태입니다. 그러고 보면 우리 주변에서 이런 거래들은 얼마든지 찾아볼 수 있습니다.

자, 그럼 원시 사회에서나 볼 수 있던 물물교환이 왜 이처럼 다시 늘어나고 있는 걸까요? 그 대답은 하이디에게 들어 보도록 하겠습니다.

물물교환이 갑자기 부활하는 이유는?

지식 + 플러스

누구나 자기가 쓰지 않는 물건을 다른 것과 바꾸고 싶었던 적이 있었을 것입니다. 그러나 바꾸고 싶어도 어디서, 어떻게, 누구하고 무엇과 바꾸어야 하는지 잘 몰라서 그냥 가지고 있거나 버리는 경우가 대부분이지요.

지금까지는 물물교환을 하려는 사람들 간에 팔려는 물건과 그 대가로 받고자 하는 물건을 서로 맞추기가 쉽지 않았지만 인터넷이 등장하면서 이런 어려움이 해결되었습니다. 전 세계 어디서나 쉽게 물물교환의 상대를 찾을 수 있고, 상대방이 어떤 물건을 가지고 있는지 사진으로 볼 수도 있기 때문입니다. 또 금융 네트워크가 발달한 덕분에 상대방의 신용도 확인할 수 있기 때문에 서로 믿고 물물교환을 할 수 있게 된 것입니다.

앞으로는 물물교환의 규모가 지금보다 훨씬 커질 것으로 보입니다. 개인은 물론 기업이나 국가 간의 물물교환도 더욱 활발해지게 되면 지금까지 생각하지 못했던 이점도 많아질 것입니다.

우선 물물교환을 하면 환율의 급격한 변동에도 영향을 받지 않습니다. 예를 들어 오늘 1달러가 1,000원인데 내일 900원으로 떨어진다면, 수출해서 받은 돈의 가치가 하루 만에 10퍼센트나 낮아지게 됩니다. 하지만 물물교환을 하면 화폐가 아닌 물건이나 서비스로 대신 받으니까 환율에 상관없이 똑같은 가치를 지니게 되는 것입니다. 또 그 나라의 화폐를 원하지 않는 다른 국가의 정부나 기업과도 교역을 할 수 있는 이점도 있지요.

이 모든 것들이 오늘날에 와서 물물교환이 다시 부활하고 있는 이유이며 앞으로도 물물교환의 방법은 더욱 다양해질 것입니다.

자본주의의 미래가 궁금하다

우리는 일상생활에서 자본주의라는 말을 자주 사용합니다. 자본주의란 미국과 여러분이 살고 있는 한국을 비롯한 많은 나라의 경제 체제를 가리키지요. 부를 획득하기 위해 서로 경쟁하는 경제체제, 다시 말해 자본가가 노동자로부터 노동력을 사서 상품을 생산하면서 이윤을 추구하는 경제체제를 자본주의라고 합니다.

모든 자본주의는 돈을 기반으로 운영되어 왔습니다. 그런데 돈은 많은 변화를 겪고 있으며 어쩌면 영원히 사라져 버릴지도 모릅니다. 돈을 기본으로 하는 자본주의도 돈과 함께 사라지게 될지도 모르는 일입니다. 사실 인간이 만들어 낸 것 중에 영원한 것이란 없습니다. 그런 의미에서 보면 자본주의도 예외일 수는 없겠지요.

자본주의의 중요한 구성 요소로는 돈을 비롯하여 자산, 자본, 시장을 들 수 있습니다. 그중 자산과 자본, 시장도 돈과 마찬가지로 아주 급격히 변하고 있습니다. 지금부터 그 변화를 한번 살펴보도록 하겠습니다.

자산

먼저 자산에 대해 살펴볼까요? 사전을 보면 자산이란 '개인이나 법인이 소유하고 있는 유형, 무형의 재산'이라고 풀이되어 있습니다. 즉 여러분이 살고 있는 집뿐만 아니라 땅은 물론 자동차나 카메라 등

돈으로 환산할 수 있는 재산을 통틀어 자산이라고 하지요.

자산에는 눈에 보이는 것(유형자산 ')뿐만 아니라 보이지 않는 것
(무형자산 ')까지도 포함됩니다.

기계, 건물, 현금 등과 같이 형태가 있는 것을 유형자산이라고 합
니다. 그리고 무형자산은 눈에 보이지는 않으나 이 자산을 소유함으
로써 미래에 경영상 이익을 기대할 수 있는 것을 말합니다. 즉 구체
적인 형태를 가지고 있지 않은 영업권, 저작권, 특허권, 상표권 ', 정보
와 지식 등이 바로 무형자산이 되는 것이지요. 지식 기반의 경제로
발전할수록 무형자산의 가치는 빠르게 증가하고 있으며, 앞으로도
무형자산의 비중은 더욱 커져 갈 것입니다.

오늘날 미국 경제의 자산은 사람들이 상상하는 것보다 훨씬 더 무
형화되어 있습니다. 심지어 제조업 분야의 기업들조차 생산 라인을
디지털 장비로 바꾸고 새로운 기술에 의존하고 있으니까요. 근로자
들도 블루칼라 '보다는 화이트칼라 '의 비율이 높아지고 있습니다.

요즘 기업들은 살아남기 위해 고부가가치 산업으로 발 빠르게 움
직이고 있습니다. 또 그에 따른 혁신을 하기 위해 많은 노력을 하고
있습니다. 변화와 혁신을 위해서는 데이터나 정보, 지식 등의 많은
무형자산이 필요합니다. 즉 앞으로 기업이 살아남기 위해서는 무형
자산이 엄청나게 늘어나야만 할 것입니다.

자산의 무형화는 점점 더 빠르게 진행되고 있습니다. 그러나 빠르

게 늘어나는 무형자산을 보호하기는 앞으로도 쉽지 않을 것입니다. 눈에 보이지도 않는 지식이나 정보 같은 무형자산을 지키기란 무척 어려운 일이니까요. 간단한 프로그램 하나로 수백만 명의 사람들이 인터넷에서 음악을 공짜로 듣게 만든 냅스터의 경우만 보아도 알 수 있습니다.

이처럼 자본주의의 핵심 요소 중 하나인 자산도 그 개념이 뿌리째 흔들리고 있습니다. 자산이 이처럼 갈수록 무형화되는 것은 자본주의의 극단적인 변화의 첫 시작에 불과할지도 모릅니다.

자본

자본 역시 자산과 마찬가지로 급격한 변화를 겪고 있습니다. 자본이란 사업의 기본이 되는 돈으로, 기업의 자산 총액에서 부채 총액을 차감한 순재산(자산-부채=자본)을 말합니다. 또한 자본은 기업이 가지고 있는 자산에 대한 기업의 소유주 또는 주주의 지분을 의미하기도 하지요.

1950년대 중반에는 약 700만 명의 미국인이 주식을 보유하고 있었습니다. 그런데 1970년에는 주식 보유자 수가 무려 3,100만 명으로 급증했습니다. 이들 중 대부분이 소액 투자자였지만 더 이상 무시할 수 없는 세력으로 성장한 것입니다.

지식 경제로의 전환이 계속되면서 일반인들의 투자가 더욱 급격하게 증가하고 있습니다. 미국 근로자들은 전체 미국 상장 기업의 주식 중 60퍼센트 이상을 보유하고 있습니다. 이제 이들은 주식을 비롯한 다양한 자산 분배를 통해 주인으로서의 권리를 행사하고 있는 것입니다.

자본의 소유권뿐만 아니라 자본의 조성이나 분배, 이전 방식 또한 큰 변화를 겪고 있습니다. 과거에는 기업이 창업을 하거나 사업을 확장하면서 자본이 필요할 때 두드릴 수 있는 문이 많지 않았습니다. 그래서 사업주가 자신이 가진 돈을 모두 털어 넣었고 그것도 모자라면 사채를 쓰거나 가족, 친지들에게도 빌려야 했지요.

그러나 오늘날에는 자본 시장이 개방되면서 일반인들도 다양한 방식으로 투자를 하고 있습니다. 그래서 기업이 자본을 만들 수 있는 방식 또한 다양해졌지요.

구글은 2명의 스탠퍼드 대학생이 창업한 인터넷 검색 업체입니다. 세계 최대의 인터넷 검색 업체가 된 구글이 지난 2004년 일반인들에게 주식 공모를 했습니다. 기존의 공모 방식 대신 인터넷 경매를 통해 공개적으로 주식을 팔았지요. 그런데 수많은 투자자가 구글의 주식을 사기 위해 몰려들었습니다.

구글의 주식 공개 경매 방식이 큰 성공을 거두자 투자 은행과 증권 거래소들은 초조해지기 시작했습니다. 다른 기업들도 구글처럼 비싼 중개료를 내지 않고 직접 자본을 조성하게 되면 자신들이 설 자

리를 잃게 되니까요. 자본을 조성하는 방식마저도 지식 기반의 경제 체제에서는 이렇게 변화한 것입니다.

　그런데 이 구글이라는 회사의 자산과 운영은 눈에 보이는 것이 아 닙니다. 즉 투자자들은 눈에 보이지 않는 무형자산에 자본을 투자한 것입니다. 이처럼 자산과 자본이 모두 전혀 새로운 형태로 변화하면 서 시장과 돈마저도 새롭게 변화시키고 있습니다.

시장

시장 역시 부의 혁명에 의해 급격한 변화를 겪고 있습니다. 불과 몇 세기 전만 해도 우리 조상들은 대부분 시장이 없는 세상에서 살았습니다. 물론 그때도 장사를 하러 다니는 사람이 있긴 했지만, 평생 어떤 물건도 사거나 팔지 않고 살아간 사람들이 대부분이었지요. 즉 우리 조상들은 농사를 지어 의식주에 필요한 거의 모든 것을 직접 해결하는 프로슈머였습니다.

대부분의 토지는 왕이나 국가가 소유하고 있었고, 토지를 가진 귀족들도 왕이나 국가의 허락 없이 토지를 마음대로 처분할 수 없었습니다. 귀족들이 가진 토지는 아버지에게서 아들로 여러 세대를 거치며 대대로 상속되었습니다.

물론 임금을 받고 일을 하는 노동 시장도 따로 없었습니다. 농노 제도가 행해졌던 봉건 시대에는 고용이라기보다는 강제 노동이 일반적이었으니까요.

이를 깨뜨린 것이 바로 제2물결인 산업혁명이었습니다. 산업혁명으로 인해 공장에서 대량 생산을 시작하면서 공장에서 임금을 받고 일하는 노동자가 생겨났지요. 프로슈머로 살았던 농민들이 화폐 경제 안으로 들어오게 된 것입니다.

그러자 그에 걸맞은 큰 시장도 함께 등장했고 사람들은 시장에 의존하기 시작했습니다. 노동자들이 대량으로 물건을 만드는 생산자인 동시에 물건을 구입하는 소비자가 된 거죠. 그러면서 시장은 더욱 크게 발전하게 되었습니다.

1852년 프랑스 파리에는 세계 최초의 백화점인 봉마르셰 백화점이 등장했고, 10년 후 미국 뉴욕에는 8층짜리 캐스트 아이언 팰리스 백화점이 들어섰습니다.

또한 1872년에 애론 몽고메리 워드라는 사람은 대량 생산된 제품을 지방에 사는 소비자에게 팔기 위해 통신 판매를 시작했습니다. 여러분의 집으로 가끔 배달되는 두툼한 상품 카탈로그가 이처럼 오랜 역사를 지녔다니 정말 놀랍죠? 애론이 창안한 통신 판매 사업은 우편 서비스와 교통의 발달로 인해 1904년에는 미국 전역의 300만 고객에게 카탈로그를 발송할 정도로 성장했습니다.

산업혁명이라는 변화의 물결은 전 세계 사람들의 생활 주변에 이처럼 많은 시장을 만들었습니다.

그런데 오늘날 몰아닥치고 있는 지식 기반의 경제체제는 다시 한 번 시장을 크게 바꾸고 있습니다. 가장 큰 변화 중의 하나로 세분화된 시장을 들 수 있습니다.

오늘날의 소비자는 대량 생산된 제품이 아닌 자신만을 위한 맞춤형 제품을 가지고 싶어 합니다. 불필요하고 원하지 않는 기능들을 제품에서 빼달라고 요구하는 거죠. 기술이 발전할수록 추가 비용이 거의 들지 않고도 고객 맞춤형 생산(mass customization)을 할 수 있기 때문에 시장은 갈수록 세분화되고 더욱 개성화될 것입니다.

이렇게 맞춤형 제품이 늘어나면서 시장 가격 역시 맞춤화될 것입니다. 똑같은 제품이나 서비스라도 가격이 다르게 매겨진다는 뜻입니다. 오늘날 미국의 항공 요금은 같은 비행기에 같은 좌석이라도 천차만별입니다. 어떤 경우에는 같은 좌석의 가격이 15가지나 되는 경우도 있습니다. 그것은 항공사에서 출발 시간과 유통망, 개별 고객의 특성 등에 따라 다른 가격을 제시하기 때문입니다.

이처럼 미래에는 똑같은 제품을 대량으로 동시에 파는 시장은 점차 줄어드는 대신, 개성화되고 기존에는 생각할 수 없던 것들까지 상품으로 팔리는 새로운 시장이 수도 없이 등장할 것입니다.

두 번째 변화로는 시장화와 탈시장화를 들 수 있습니다. 자본주의 사회에서 시장은 당연히 팔 물건이 있어야 존재합니다. 오늘날 전 세계에서 판매되고 있는 물건들은 매 순간 증가하고 있으며 그 품목을 다 헤아리기 힘들 정도입니다.

하지만 동시에 더 많은 것이 시장에서 사라지고 있습니다. 오래된 모델과 부품에서부터 변화의 속도로 인해 더 이상은 필요치 않게 된 수많은 상품이 빠른 속도로 사라지는 것입니다. 이처럼 시장화와 탈시장화는 동시에 진행되면서 시장의 모습을 바꾸고 있습니다.

마지막으로는 사이버 시장의 등장을 꼽을 수 있습니다. 기존의 모든 시장이 이제는 사이버 공간에도 똑같이 존재합니다. 상품 판매 시장은 물론 토지, 노동, 자본, 서비스에서부터 경험과 지식 시장까지 말입니다.

2003년, 전 세계 전자 상거래는 2,500억 달러를 기록했습니다. 이는 전 세계 인구 1인당 연간 50달러어치의 물건을 온라인에서 거래한 셈입니다. 20년 전만 해도 존재하지도 않았던 시장이 이처럼 엄청난 규모로 성장한 것이죠. 기업 간의 전자 상거래 규모도 2003년에 이미 1조 4,000억 달러를 넘어섰으며 앞으로도 전자 상거래가 차지하는 비중은 계속 증가할 것입니다.

프로슈머의 보수, 대안 화폐

최근 곳곳에서 대안 화폐를 사용하는 작은 실험들이 이루어지고 있습니다. 대안 화폐는 노동력이 있으면서도 돈이 없다는 이유로 가난 속에 던져진 실업자들을 구하기 위해 창안된 것입니다. 가난한 이들이 노동력을 대안 화폐로 팔고 대신 필요한 생필품과 서비스를 얻을 수 있게 한 것이지요. 지역 공동체 안에서 물건과 노동력을 주고받는다는 뜻에서 대안 화폐는 지역 화폐나 공동체 화폐로 불리기도 합니다.

미국에서는 특정한 지역의 소비자와 상인들이 실제 화폐 대신 전표를 이용해서 임대료를 내고 의료비나 극장 입장권 등 모든 재화와 서비스를 거래하고 있습니다.

또 법률학 교수 에드거 칸이 창안한 '타임 달러'는 프로슈머의 다양한 경제적 기여에 새로운 형태의 보수를 지불하려는 노력이라고 볼 수 있습니다. 타임 달러는 만약 한 회원이 이웃에 사는 노인의 장보기를 도와준다면 이에 대한 서비스 봉사 점수를 주는 무형의 보수입니다. 이 점수를 이용해 나중에 다른 회원에게 자신의 아기를 돌봐 달라고 부탁할 수도 있는 것이 바로 타임 달러 제도지요.

이런 지역 차원의 실험을 확대하면 프로슈머 활동을 위한 대규모 대안 화폐를 개발할 수도 있을 것입니다. 비화폐 경제에서 무보수로 행해지던 프로슈밍이 이처럼 대안적인 화폐 경제 안으로 깊숙이 들어오게 되면 자본주의에는 어떤 영향을 미칠까요?

이처럼 제3물결로 인한 지식 기반의 경제체제는 지금까지 우리가 알고 있던 자본주의를 뿌리째 흔들어 놓고 있습니다. 자산과 자본, 시장과 화폐 등의 급격한 변화와 프로슈머 경제로 인해 이제 자본주의는 새로운 정의를 필요로 하게 된 것입니다. 과연 자본주의는 앞으로 또 어떤 모습으로 변하게 될까요? 여러분도 나름대로 미래를 한번 예측해 보기 바랍니다.

앨빈 토플러 박사가 들려주는 미래학 특강

09

가난에서

벗어나기

가난의 어제와 오늘

가끔 텔레비전을 보면 가난과 굶주림에 시달리는 아프리카 사람들을 볼 수 있습니다. 뼈만 앙상하게 남아 있는 사람들의 커다란 눈동자가 참으로 슬프게 보이지요. 하지만 알고 보면 그들뿐만 아니라 아직도 지구촌 곳곳에는 끼니조차 잇기 힘들 만큼 가난한 사람들이 많이 있습니다.

세계은행(IBRD)의 조사에 따르면 전 세계 인구 중 약 28억 명이 하루에 2달러도 안 되는 돈으로 생활하고 있다고 합니다. 전 세계 인구를 약 60억 명으로 볼 때 절반에 가까운 사람들이 아주 힘겹게 살고 있는 셈이죠.

또한 그들 중 약 11억 명은 하루 생계비가 1달러 미만인 절대 빈곤 계층입니다. 1달러면 한국 돈으로 1,000원을 조금 넘는 돈입니다. 1,000원으로 하루 종일 먹는 것과 생활을 해결할 수 있을까요? 아마 한 끼를 제대로 먹는 것도 힘들 것입니다.

전 세계 NGO들은 이처럼 가난하고 굶주린 사람들을 돕기 위해 노력하고 있습니다. 가난한 마을에 식수와 식량을 공급하고, 오지 마을에 의사를 보내 병을 치료해 주기도 하고, 또 빈곤 문제를 해결하기 위해 수많은 회의와 모임을 열기도 합니다.

그러나 이런 노력에도 불구하고 아직 세계의 빈곤은 해결되지 않고 있습니다. 첨단 과학 기술 시대를 사는 21세기에 아직도 가난한 사람들이 이렇게 많다니 정말 안타까운 일입니다.

만약에 17세기에 살았던 사람이 타임머신을 타고 오늘날의 세상으로 온다면 과연 어떤 생각을 할까요? 그 사람은 아마 아직도 가난하게 사는 사람들 때문이 아니라 믿기 힘들 만큼 엄청나게 불어난 인류의 부를 보고 깜짝 놀랄 것입니다. 전 세계 인구 중 하루 생계비가 2달러 이상인 사람들이 32억 명이 넘는다는 사실에 17세기에서 온 사람은 입이 벌어질 거라는 얘기입니다.

산업혁명이 일어나기 전에는 지금처럼 아프리카, 아시아, 라틴 아메리카의 일부 국가만 가난한 게 아니라 전 세계 모두가 궁핍한 생활을 했습니다.

17세기에 프랑스의 보베 지방에서는 해마다 전체 어린이의 3분의 1 이상이 질병이나 기아로 목숨을 잃었습니다. 열다섯 살까지 무사히 자라나는 어린이의 비율은 약 60퍼센트밖에 되지 않았지요.

질병과 굶주림에 시달리다 도시로 몰려든 가난한 사람들은 구걸을 하거나 도둑질을 하며 생활했습니다. 버림받은 아이들과 부녀자들도 많았고, 이들 중 대부분은 노약자나 병자를 돌봐야 하는 가난한 집에서 고통을 겪으며 살았습니다.

18세기 초반 프랑스의 보통 가정집에서 먹었던 한 끼 식사의 수준은 1965년 당시 가장 가난한 나라이던 아프리카의 르완다와 비슷했습니다. 이것은 비단 프랑스에 한정된 이야기가 아닙니다. 1만 년 동안 극히 일부의 사람들만 최소 생계 수준을 넘는 삶을 누릴 수 있었습니다. 또 당시 가장 잘사는 나라의 경제 규모도 가장 가난한 나라의 2배에 불과했습니다. 인종과 문화, 종교, 기후, 농업 방식이 나라마다 달라도 모두 그처럼 가난했던 걸 보면 아마 당시 농업 생산성의 한계가 그 정도였던 것 같습니다.

제2물결이 밀려와 농업에서 산업 경제체제가 시작된 뒤에야 사람들은 서서히 가난에서 벗어나기 시작했습니다.

이제는 제3물결의 기술이 수많은 사람을 가난의 고통에서 벗어나게 하고 있습니다. 빈곤을 퇴치할 수 있는 강력한 방법이 새로운 물결과 함께 다가오고 있는 것입니다.

부의 연쇄 효과

과거에는 한 나라가 가난에서 벗어나는 데 내부적인 요인이 크게 작용했습니다. 즉 그 나라에 자원이 얼마나 있는지, 환경이 좋은지, 국민들의 교육 수준은 어느 정도인지, 저축을 얼마나 하는지, 근로자들이 성실한지 등 국가 내부의 요인들이 중요했던 거죠.

그러나 1950년대 중반 이후부터는 달라지기 시작했습니다. 국가 외부적인 요인이 아주 중요해진 겁니다. 이는 교역이 늘어나고 인력과 자본, 지식의 자유로운 이동과 함께 세계 경제가 통합되면서 나타난 현상입니다.

그밖에도 간접적으로 영향을 미친 요인들이 또 있습니다. 이 간접적인 요인들을 고려하지 않으면 한 나라가 어떻게 가난에서 벗어날 수 있는지를 다 이해하기 어려울 것입니다.

1950년대 중반 이전만 해도 대부분의 아시아 국가들은 아주 가난했습니다. 그런데 그로부터 단 20년 만에 5억 명 이상의 아시아인들이 하루 2달러 미만의 가난한 생활에서 벗어났습니다. 그것은 국가 내부적 요인도, 외부적 요인도 아닌 바로 연쇄 효과(chain reaction)라는 간접적인 요인 때문이었습니다. 즉 각 나라의 생산 활동이 서로 상승 작용을 일으켜 아시아 경제 전체의 생산성을 올릴 수 있었던 것입니다.

제2차 세계대전을 거치는 동안 황폐화된 일본 경제는 1950년대 중반까지도 되살아날 기미를 보이지 않았습니다. 하지만 미국에서 전수받은 지식 기반 기술로 무장한 일본은 1970년대 이후 우수한 기술력과 획기적인 제품으로 전 세계를 깜짝 놀라게 하기 시작했습니다.

1957년 미국에 겨우 자동차 288대를 판매하는 데 그쳤던 도요타라는 일본 기업은 1975년 유럽의 자동차 업체들을 제치고 미국에서 가장 많이 팔린 해외 자동차 브랜드로 발돋움했습니다.

2002년에는 총 170만 대의 자동차를 미국에서 판매하기에 이르렀죠. 그밖에도 가전제품과 컴퓨터, 반도체 칩' 같은 제품을 쏟아 내면서 일본 경제는 급속히 성장했습니다.

이와 같은 일본의 성장은 아시아 국가들의 빈곤 탈출에 큰 영향을 미쳤습니다. 최첨단 제조업의 급속한 성장을 통해 엄청난 부를 축적한 일본 기업들이 한국, 대만, 말레이시아, 인도네시아, 필리핀 등의 국가에 막대한 투자를 하기 시작한 것입니다.

왜 그랬을까요? 그 이유는 지식 기반 경제체제로 전환하게 된 일본이 이들 나라에 공장을 세워 기술 수준이 낮은 제품의 생산을 맡기기 위한 것이었습니다. 값싼 노동력을 가진 인접 국가에 첨단 기술이 필요 없는 생산 공장을 세우는 것이 일본에게 훨씬 유리했기 때문입니다.

이와 같은 투자로 인해 아시아에는 수많은 일자리가 생겨났습니다. 일본에 이어 초고속 경제 성장을 이룬 한국과 대만도 똑같은 방식으로 가난한 인접 국가에 투자를 시작했습니다. 이렇게 미국에서 일본으로, 일본에서 다시 다른 국가로 확산되는 경제 생산성 향상이라는 스필오버 효과(spill-over effect)'로 가난한 지역의 국가들이 혜택을 받을 수 있었던 것입니다.

한국의 경우 1970년까지만 해도 전체 노동 인구의 51퍼센트가 농사를 지었습니다. 하지만 2000년에는 그 비율이 9퍼센트로 줄어

들었습니다. 즉 예전에는 일하는 사람 10명 중 5명이 농부였다면 지금은 10명 중 1명만이 농사를 짓는 셈이죠. 대만과 말레이시아, 태국, 인도네시아, 필리핀도 한국과 마찬가지로 농업에 종사하는 사람의 비율이 크게 줄어들었습니다.

이처럼 지식 기반 경제체제로 전환한 국가들이 제조업 공장 일부를 다른 가난한 농업 국가로 옮긴 것은 여러 가지 중요한 결과를 가져왔습니다. 빈곤 퇴치는 물론이고 평균 수명이 증가하고 유아 사망률이 낮아진 것도 변화의 예입니다. 또 1960년에서 1995년 사이 전 세계 1인당 식량 생산량이 25퍼센트 정도 증가했고, 동아시아의 평균 임금은 4배나 증가했습니다.

경제 용어 중에 낙수 효과(trickle-down effect)라는 말이 있습니다. 이는 부유층의 소비 증가가 저소득층의 소득 증대로 연결되어 전체적으로 경기가 좋아지는 현상을 말합니다. 지식 기반 경제체제로의 전환은 아시아 지역뿐만 아니라 세계 각지의 빈곤 지역에 이처럼 예상하지 않은 엄청난 낙수 효과를 이루어 냈습니다.

한국과 대만에 이어 전 세계는 이제 중국과 인도를 지켜보고 있습니다. 빈곤층이 가장 많은 이들 두 나라의 급성장과 함께 그들의 빈곤 퇴치 실험을 주의 깊게 지켜보는 것입니다.

중국은 두 마리 토끼를 모두 잡는 전략을 세우고 있습니다. 값싼 노동력을 이용하는 동시에 지식 부문 또한 구축하려는 것이죠.

지난 반세기 동안 깊은 잠을 자고 있던 인도는 지식 경제와 관련된 기술 덕분에 가난에서 조금씩 벗어나고 있습니다.

하지만 중국이나 인도가 경제적인 노력만으로 빈곤에서 완전히 벗어날 수 있다고 생각한다면 큰 착각입니다. 부의 혁명은 단순히 경제적인 문제만을 의미하는 것이 아니니까요. 사회적, 제도적, 교육적, 문화적, 정치적 성숙 없이는 진정한 부의 혁명을 이룰 수 없을 것입니다. 또한 부정부패의 척결과 함께 여성 차별 문제가 개선되어야합니다. 부패 척결과 성 차별 개선은 경제 발전을 위해서도 중요한문제니까요.

가난에서 탈출하려면

빈곤의 문제는 크게 빈부 격차를 줄이는 것과 가난한 사람들의 수를 줄이는 것으로 나눌 수 있습니다. 빈부 격차를 해소하는 일은 어쩌면 아주 간단할지도 모릅니다. 가난한 사람들의 생활 수준을 올릴필요 없이 부자들의 생활 수준을 낮추어 버리면 되니까요.

산업혁명으로 인해 전 세계의 가난한 사람들의 수는 많이 줄었지만 빈부 격차는 더 커지게 되었습니다. 이 2가지 문제를 동시에 해결한 성공 사례는 아직 찾아보기 힘듭니다. 그럼 이 2가지 중 어느 것이 더 중요할까요?

빈곤 문제 해결의 주된 목표는 빈부 격차를 해소하는 것보다 가난한 사람들의 생활 수준을 높이는 것이 우선시 되어야 합니다. 굶주리는 아이가 없고, 모두가 오염되지 않은 깨끗한 물을 마실 수 있으며, 기본적인 교육을 받을 수 있고, 병원에 한번 가 보지도 못한 채 병으로 죽는 사람들이 없도록 한 다음에 빈부 격차를 해소해도 늦지 않기 때문이지요.

그러려면 오늘날의 가난한 농촌 지역을 탈바꿈시키기 위한 전략이 필요합니다. 힘 없는 노인들이 허리가 휘도록 힘들게 일하는 농사가 아니라 젊은이들의 지적 능력, 즉 생산성 높은 첨단 기술을 이용하는 농사가 이루어져야겠지요.

가난한 농촌을 첨단 기술 센터로 바꾸는 것은 정말 이상적인 이야기처럼 들릴 것입니다. 그러나 현재 개발 중인 과학 기술을 이용하면 충분히 가능한 일입니다. 유전자 변형 식품이 그 한 예가 될 수 있습니다.

벼, 감자, 옥수수, 콩 등의 농작물에 유전자 변형이 행해진 것을 유전자 변형 농작물이라고 부르고, 이 농작물을 가공해서 만드는 것이 바로 유전자 변형 식품입니다.

유전자 변형은 생명공학 기술의 발달에서 비롯되었습니다. 다른 종의 유전자를 주입하여 생물체의 특성을 필요에 맞게 변화시킬 수 있는 이 기술은 아직도 찬반 논쟁이 뜨거운 상태입니다.

유전자 변형 기술을 이용하면 농작물의 영양소를 더 풍부하게 개량할 수 있고, 병충해에 강한 품종을 만들어 비료나 농약의 사용을 줄일 수 있습니다. 또 척박한 토양이나 추운 기후에서도 잘 자라는 농작물을 만들 수 있지요.

유전자 변형 기술을 이용하여 병충해에 강하고 수확량을 크게 늘릴 수 있는 농산물을 만들고 있다.
(사진 제공 : 연합뉴스)

　유전자 변형 기술의 가장 큰 장점은 농산물 생산 단가를 낮추고 보다 질이 좋은 농산물을 생산할 수 있으며, 수확량을 크게 늘릴 수 있다는 것입니다. 전 세계 인구가 먹을 수 있는 충분한 식량을 생산할 수 있다면 기아 문제만큼은 확실히 해결할 수 있을 것입니다.

　그러나 현재 유전자 변형 농작물을 키우는 나라는 6개국에 불과합니다. 그 품목도 서구 사회에서 인기가 높고 수익성이 높은 콩, 옥수수, 면화 등에 한정되어 있습니다.

　이는 유전자 변형 식품의 위험이 현재로서는 입증되지 않았지만 이후에 인체에 해를 미칠지도 모른다는 우려 때문입니다. 또 생물체에 주입한 다른 종의 DNA가 변형을 일으켜 나쁜 요소로 변할 수도 있고 유전자 변형 농작물이 자연에서 다른 식물과 잡종 교배될 경우 환경에 엄청난 피해를 끼칠 수도 있기 때문입니다.

그래서 "자연의 섭리를 거스를 경우 어떤 결과가 닥칠지 예상할 수 없으며, 결국 그것이 인류의 재앙이 될지도 모른다"고 경고하는 학자들도 있습니다. 하지만 세상은 환경적으로 안전한 유전자 변형 식품을 개발하고 더 완벽한 생명공학 제품을 생산하는 방향으로 움직일 것입니다. 이런 움직임과 더불어 다른 여러 분야에서 일어나고 있는 혁신을 통해 지구상의 빈곤이 확실히 해결될 수 있기 때문입니다.

벌써부터 각국에는 변화의 바람이 불고 있습니다. 인도의 생명공학부는 가까운 미래에 유전자 이식을 통해 종을 개량한 양배추와 감자, 토마토를 대규모로 생산할 수 있을 것이라고 합니다. 또 인도 정부에서 주도하여 옥수수, 카사바, 파파야 등 12개 주요 농작물에 대한 유전자 연구를 진행하고 있습니다.

앞으로 유전자 변형 식품은 무궁무진하게 발전할 수 있습니다. 마침 하이디가 질병을 퇴치할 수 있는 유전자 변형 식품에 대한 정보를 준비했나 봅니다. 어디 들어 볼까요?

간염을 예방하는 바나나! 머리가 좋아지는 사과?

지식 + 플러스

비타민A가 강화된 황금쌀, 무르지 않는 토마토, 니코틴이 제거된 담배, 카페인이 없는 커피 등 유전자 변형 식품의 종류나 앞으로의 발전 가능성은 참으로 무궁무진합니다. 수박만 한 감자에 파란색 장미도 출시된다고 하니 듣기만 해도 신기하지만 앞으로는 그보다 더 신기한 일들이 벌어지게 될 것입니다.

지구상에는 매년 50만 명 이상의 사람들이 B형 간염으로 사망하고 있는데 그중 3분의 1이 아시아 사람들입니다. B형 간염 보균자도 전 세계에 4억 명이나 된다고 하니 16명 중에 1명은 보균자인 셈입니다. B형 간염을 예방하려면 세 차례에 걸쳐 주사를 맞아야 하는데 그 비용이 200달러 정도입니다. 가난한 사람들에게는 너무 큰 돈이지요. 그래서 미국의 코넬 대학 연구진은 바나나에 간염 예방 백신을 이식하는 연구를 진행 중입니다. 이 연구가 성공하면 주사를 맞지 않고 바나나를 먹기만 해도 간염을 예방할 수 있다고 합니다. 주사를 놓는 비용의 10분의 1 정도의 가격으로 그 바나나를 사 먹을 수 있으니 경제적일 뿐 아니라 영양을 섭취하면서 주사를 맞는 공포로부터도 해방될 수 있습니다.

또 설사를 예방하는 토마토, 당뇨병 치료에 필요한 인슐린을 나무에서 만드는 것도 가능하며 인도에서는 콜레라와 공수병을 예방할 수 있는 백신 강화 식품을 만드는 연구가 한창 진행 중이라고 합니다. 여러분은 한 알만 먹으면 머리가 좋아지는 사과라든가 먹을수록 몸매가 날씬해지는 수박 같은 식품을 기대할지도 모르겠습니다. 하지만 그건 좀 더 기다려 봐야 될 것 같군요.

유전자가 석유 역할을 한다?

농촌이 첨단 기술 센터로 탈바꿈하는 방법이 유전자 변형 작물 생산에만 있는 것은 결코 아닙니다. 미래에는 농업 분야가 석유 분야만큼 중요해질 것이기 때문입니다.

21세기 초 미국은 농사를 지으면서 생긴 식물의 잎사귀, 줄기 등의 폐기물을 매년 2억 8,000만 톤씩 배출했습니다. 그런데 그중 일부는 석유를 대신하는 연료로 사용되었습니다. 또 전기, 윤활유, 플라스틱, 접착제, 화학 물질 등으로 전환해 사용하기도 했습니다. 이런 놀라운 일이 가능했던 것은 바이오 기술의 발달 덕분이었습니다.

하지만 이것은 시작에 불과합니다. 암스트롱 박사는 머지않아 바이오매스를 이용하는 작은 규모의 바이오 공장이 농촌 곳곳에 들어설 것이라고 전망합니다. 바이오매스를 열분해시키거나 발효시키면 메탄과 에탄올, 수소 같은 연료를 얻을 수 있을 뿐만 아니라 식품이나 사료, 바이오 플라스틱 등의 제품을 생산할 수도 있습니다.

앞으로 바이오 기반 경제는 미국에서 소비되는 유기화학의 90퍼센트, 액체 연료의 50퍼센트를 담당하게 될 것이라고 하니 정말 엄청난 양이 아닐 수 없습니다.

또한 바이오매스는 석유와 달리 고갈될 염려가 없습니다. 바이오 산업의 기본 원료는 동물과 식물의 유전자이기 때문입니다. 그래서 미래에는 권력의 중심이 석유가 나오는 사막에서 동식물이 많은 열대 지역으로 옮겨갈 것이라는 전망도 나오고 있습니다. 이란, 이라크, 사우디아라비아 등 사막의 산유국이 아니라 다양한 동식물들이 살고 있는 에콰도르, 브라질 그리고 아프리카의 여러 국가들이 바로 중요한 자원을 가진 힘 있는 나라가 될 거라는 이야기입니다.

첨단 미래 농업

제3물결은 앞으로 농업 기술과 유통까지 모두 바꾸어 놓을 것입니다. 지금도 인터넷은 세상에서 가장 똑똑한 영농업자 노릇을 톡톡히 하고 있지요. 가격 정보 및 판매, 새로운 농업 기술에 대한 정보 등이 인터넷을 통해서도 많이 이루어지고 있으니까요.

그리고 식물, 지역, 기후, 생태, 화학, 생물 등 농업과 관련된 사이트도 거의 모든 주제별로 2,100만 개 이상이나 됩니다. 그러므로 인터넷, 휴대 전화 등은 과거의 삽과 괭이만큼이나 미래의 농업에서 중요한 역할을 하게 될 것입니다.

농부들은 자신이 일구는 땅에 대해 누구보다도 잘 알고 있습니다. 하지만 한 농부가 알고 있는 지식과 경험은 농사와 관계된 모든 지식 중 극히 일부분에 불과하지요. 그래서 아직도 대부분의 농부들은 자신이 생산할 수 있는 양에 훨씬 못 미치는 농작물을 생산하고 있습니다. 또 에너지와 물, 비료, 농약 등을 낭비하고 심각한 환경 파괴를 일

으키기도 하지요. 선진국의 똑똑한 농부들조차도 말입니다.

이것은 자신이 일구고 있는 땅에 대해 속속들이 알지 못하기 때문에 일어나는 현상입니다. 지금까지 농부들은 모든 농지에 대해 똑같은 농사법을 적용해 왔습니다.

그러나 이제는 지상에서 1만 9,000킬로미터나 떨어진 우주 공간으로부터 농사에 필요한 도움을 받을 수 있습니다. 마을마다 지구 궤도를 도는 인공위성을 통해 비료나 영양소, 물 등 그곳 토지에 관한 상세한 정보를 받게 될 날이 머지않았기 때문입니다. 휴대용 GPS가 그것을 가능하게 할 것입니다.

그렇게 되면 농부가 자기 토지에 비료를 언제 얼마만큼 줘야 하는지를 정확히 알 수 있고, 또 농업 용수를 재활용하는 방법과 절약하는 방법도 알 수 있게 될 것입니다. 이와 같은 정밀 농업은 농부와 환경 모두에 크게 도움이 될 뿐만 아니라 앞으로 더 엄청난 변화를 불러일으키게 될 것입니다.

요즘 주목받는 센서 기술도 미래의 농업에 많은 영향을 미칠 것입니다. 센서란 사람의 눈, 코, 귀, 혀와 같이 온도나 압력, 습도 등 여러 가지 신호를 알아차리는 감지기를 말합니다. 토지나 농작물에 센서 기술이 활용된다면 각 식물마다 조그만 바이오센서와 타이머가 내장되어 식물의 정확한 상태를 알려 줄 수 있습니다.

2005년 9월 앨빈 토플러, 하이디 토플러 박사 부부가 최초의 복제 개인 스너피를 만나고 있다.
(사진 제공 : 〈조선일보〉)

토지에 뿌리기만 해도 토양의 온도와 습도 등 다양한 토양 정보를 알려 주는 초소형 센서, 스마트 더스트¹가 개발 중이며, 포도 농장에 물을 줘야 할 때를 알려 주는 센서는 이미 테스트 단계에 있습니다.

복제 양 돌리를 탄생시킨 기술은 한국에서도 복제 개인 스너피¹를 탄생시켰습니다. 복제에 대한 윤리적인 논쟁과는 별개로 농업과 가축 생산에 미칠 수 있는 복제 기술의 잠재력 또한 무궁무진합니다.

이런 것들은 미래의 농업에 영향을 미치게 될 수천 건의 연구 중 극히 일부에 불과할 뿐입니다. 흔히들 첨단 기술이 빈곤 문제를 해결할 수 없다고 믿습니다. 하지만 그렇지 않습니다.

산업혁명 당시 증기 기관이 농업에 영향을 미치리라고 생각한 사람은 거의 없었습니다. 실제로도 오랫동안 농업에 영향을 미치지 않았지요. 그러나 증기 동력을 이용한 섬유 공장이 생기면서 면화 농사를 하는 농부들은 혜택을 받았습니다. 또 증기 동력을 이용한 열차는 농산물 시장을 넓혔고, 증기는 차츰 농업이 경제에서 차지하는 위상을 바꾸어 놓았습니다.

이제 부의 혁명이 다시 한번 그런 변화를 불러일으키려 하고 있습니다. 따라서 가난과 굶주림에 시달리는 사람들을 진정으로 돕고자 한다면 혁명적인 새로운 수단을 서둘러 개발하고 미래를 희망적으로 보는 시각을 가져야 할 것입니다.

앨빈 토플러 박사가 들려주는 미래학 특강

10

새로운

지각 변동

세계의 지각 변동

지금까지 국제 무대의 주인공은 국가였습니다. 그래서 19세기와 냉전 시대에 적용되었던 힘의 균형은 국가 간의 역학 관계를 의미했습니다. 그러나 갈수록 국가의 권력은 축소되고 강대국의 지위도 점점 더 약화되고 있습니다.

반면에 오늘날의 주요 기업들은 다국적 무역을 하면서 국제적인 수준에서 강력한 영향력을 행사하고 있습니다. 마이크로소프트사나 시티그룹, 도요타나 필립스, 삼성 등의 대기업들은 점점 더 국제화되고 있으며 국가를 초월하여 주도적으로 움직이고 있습니다.

또한 수많은 NGO가 서로 힘을 모으고 각 분야의 전문가들의 지원을 받으며 급격히 성장하여 초국가적인 세력을 형성하고 있습니다. 이들은 기업과 국가를 견제하면서 평화를 위해 시위를 벌이고 매일같이 신문의 헤드라인을 장식하고 있지요.

그린피스가 생명공학 관련 특허권을 반대하고 있군.

게다가 NGO의 확산은 이제부터가 시작이라고 할 수 있습니다. 컴퓨터와 인터넷 그리고 최신 통신 장비로 조직화가 쉬워진 NGO들은 국제적인 차원에서 자신의 존재를 더 확연하게 드러내고 있습니다.

또한 그들의 행동은 앞으로 부의 창출과 분배에도 엄청난 영향을 주게 될 것입니다.

국가나 기업 그리고 NGO는 서로 상호 작용하면서 새로운 게임을 벌이고 있습니다. 게임의 법칙은 갈수록 복잡하고 혼란스러워질 것입니다. 그러나 앞으로는 불안정하고 혼란스러운 상태가 오히려 안정보다 더 자연스러운 상태라는 것을 여러분도 이제는 눈치챌 수 있으리라 생각됩니다.

지구의 표면층은 자연적인 작용으로 인해 우리가 모르는 사이 늘 조금씩 움직이고 있습니다. 더러는 지구 내부의 원인으로 화산 폭발이나 지진이 발생하기도 하고, 지반이 솟거나 해면이 가라앉는 등 대규모의 지각 변동이 일어나기도 하지요.

세계의 정치나 경제 질서도 마찬가지입니다. 여러 가지 요인으로 인해 크고 작은 변화를 비롯하여 끊임없이 새로운 지각 변동이 일어나고 있습니다.

이 장에서는 세계의 지각 변동에 대해 살펴보고 나서 마지막으로 우리의 미래에 대해 함께 생각해 보았으면 합니다. 그럼 우선 여러분의 주변 국가인 중국과 일본은 물론 미국과 유럽연합 등의 오늘을 짚어 보고 다가올 미래에 대해서도 전망해 보기로 하겠습니다.

세계의 정치, 경제 질서도 끊임없이 지각 변동을 한답니다.

성장을 멈추지 않는 중국

중국은 2004년 일본을 제치고 미국과 독일에 이어 세계 3대 교역국이 되었습니다. 전 세계 3조 5,000억 달러의 외환 보유고 중 5,000억 달러를 보유하고 있으며 1,750억 달러 상당의 미국 재무부 채권¹을 가지고 있습니다.

이는 일본을 능가하는 액수로서, 만약 중국이 보유하고 있는 외화를 달러 대신 유로나 다른 국가의 통화로 대체할 경우 세계적인 지각 변동을 일으킬 수 있을 정도입니다.

중국이 숨가쁘게 뛰고 있습니다. 이제 미국과 유럽을 비롯한 다른 모든 국가가 중국에서 무슨 일이 벌어지고 있는지 이해하지 못한다면 그들 앞에 펼쳐질 미래 역시 파악하기 어렵게 될 것입니다. 그만큼 중국은 이제 전 세계 경제에서 거대한 세력이 되었습니다.

중국이 이 같은 놀라운 발전을 이룬 원인에 대해서 사람들은 대개 공산주의에서 시장 경제로 전환했기 때문이라고 말합니다. 하지만 이것만으로는 설명이 부족합니다. 똑같이 공산주의에서 시장 경제로 나아가고 있는 다른 많은 국가 중에서 어느 누구도 중국과 같은 성공을 거두지는 못했기 때문입니다.

사실 중국의 발전은 앞에서 설명한 낙수 효과에 힘입은 바가 큽니다. 즉 미국의 실리콘밸리가 컴퓨터 생산 작업을 차츰 일본과 한국, 대만으로 이전하고, 이들 국가가 다시 중국에 공장을 설립하면서 많은 자본을 투자했기 때문이지요. 중국은 부가 다른 국가로 확산되는 연쇄 효과의 덕을 톡톡히 본 것입니다.

중국이 눈부신 성장을 거둔 또 다른 이유는 두 마리 토끼를 잡기 위한 전략 덕분입니다. 최근 중국은 제2물결과 제3물결이라는 두 마리 토끼를 동시에 잡기 위해 노력해 왔습니다.

즉 기술 수준이 낮은 노동력 중심의 공장을 가동하면서 자신들만의 세계 일류 기술과 지식 집약 산업의 발전도 함께 추진한 것입니다. 이런 두 마리 토끼를 잡는 정책이 효과를 거두기 위해서는 시간을 압축해야 했습니다. 다른 국가들이 1~2세기 동안 이룩한 일을 중국은 10년 안에 성취해야 했기 때문입니다. 그러기 위해서 선진화된 IT와 이동전화, 디지털 기술 등에 접근했고, 중국의 전략은 성공한 것으로 평가됩니다.

시간을 압축하는 동시에 중국은 공간적 영향력도 확대하고 있습니다. 경제를 비롯해 여러 가지 측면에서 자신들의 위치를 아시아에 한정시키지 않고 세계를 향해 뻗어 가고 있지요.

아울러 부와 관련된 지식을 얻는 일에도 한층 더 박차를 가하고 있습니다. 이제 중국은 정보와 지식을 창조하고 판매하는 것에서부터 다른 나라 기업의 제품을 그대로 베끼거나 모방하는 데 이르기까지 세계 최고의 반열에 올랐습니다.

중국은 놀라운 추진력을 보이며 무섭게 발전하고 있습니다. 세계 제일의 지식 기반 경제를 창조하겠다는 의지를 바탕으로 말입니다. 그리고 중국의 이러한 움직임은 당분간은 멈출 방법이 없어 보입니다.

중국의 물결 분쟁

새로운 부 창출 시스템이 등장하면 옛 집단과 새로운 집단 간에 갈등이 생기게 마련입니다. 그것을 물결 분쟁(wave conflict)이라고 합니다. 역사적으로 볼 때 물결 분쟁이 깊어지면 아주 위험한 사태가 벌어졌습니다. 1861년 미국에서 일어난 남북전쟁이 바로 그런 경우입니다. 당시 미국의 북부 지방은 산업화가 되었는데, 낙후된 남부 지방은 농사에 의존할 수밖에 없었지요. 그래서 농사를 짓기 위한 노동력이 많이 필요했기 때문에 노예제 폐지에 반대했던 것입니다.

일본의 메이지 유신과 러시아 혁명도 물결 분쟁이 원인이었다고 할 수 있습니다. 또한 인도와 태국 그리고 다른 국가에서 발생하는 폭력 사태도 도시와 농촌의 대립 등 물결 간의 충돌이 원인인 경우가 많습니다. 이 같은 물결 분쟁은 두 개의 경제체제 안에서 벌어지는 일입니다.

이렇게 볼 때 제1물결, 제2물결, 제3물결, 이렇게 세 개의 경제체제가 동시에 존재하고 있는 중국도 머지않아 물결 분쟁을 피할 수는 없을 겁니다. 수십 년 내에 적어도 한 차례 이상은 공황기와 회복기를 겪게 될 것이며, 그에 따라 전 세계의 경제도 충격을 받게 되겠지요.

지금 중국에는 미국과 유럽, 한국, 일본, 싱가포르를 비롯한 세계 각국의 사람들이 투자한 수십 억 달러에 달하는 공장과 부동산이 있습니다. 뿐만 아니라 중국은 이미 세계 산업에 막대한 영향력을 미치고 있습니다. 그래서 중국에서 물결 분쟁이 일어나면 지금 당장 우리가 입고 있는 옷 또는 컴퓨터의 가격까지 변할 수 있습니다.

그러므로 인류 전체의 이익을 위해서는 중국의 두 마리 토끼 잡기 전략이 실패해서는 안 됩니다. 중국은 이미 세계 경제의 큰 부분을 차지하고 있기 때문입니다. 그리고 중국이라는 거대한 시장을 잘 이용하는 것은 한국에게도 기회이자 미래가 될 수 있을 것입니다.

다시 일어서는 일본

일본은 제2차 세계대전 후 전 세계에서 가장 빠른 초고속 성장을 이룩한 나라입니다. 그런데 일본 경제는 1990년대 들어 갑자기 정체 상태에 빠졌습니다. 부동산 가격의 거품이 빠지면서 1990년 이전에 비해 2003년의 재산 가치가 60퍼센트 하락했습니다. 일본의 수도인 도쿄의 경우에는 무려 80퍼센트가 떨어졌습니다.

그런데 세계 제2위의 경제 대국이던 일본이 왜 그처럼 오랜 불황에 빠지게 되었던 걸까요? 거기에 대해 살펴보기 전에 우선 내가 겪었던 이야기 하나를 들려주도록 하겠습니다.

10여 년의 장기 불황을 극복하고 활기를 되찾고 있는 일본의 거리

한번은 일본, 캐나다, 미국의 방송사 직원들과 함께 촬영을 한 적이 있습니다. 새로운 장소에서 촬영이 진행될 때마다 일본 팀은 어떻게 해야 될지 토의하느라 밤 늦게까지 일했습니다. 토의를 통해 각자가 어떤 일을 어떻게 해야 하는지 정확히 알고 있었기에 일본 팀은 언제나 완벽하게 준비된 상태로 아침을 시작했습니다.

하지만 미국과 캐나다 팀은 이와 대조적이었습니다. 그들은 저녁 시간에 이야기를 나누거나 한두 잔의 맥주를 마시고 잠자리에 들었습니다. 가끔 캐나다 팀 감독이 아침 일찍 일어나 촬영 장소를 돌아보면서 세세하게 점검을 하곤 했습니다.

그러던 어느 날 캐나다 팀 감독은 예정된 촬영 장소보다 더 좋은 곳을 찾아냈습니다. 그는 곧 일본 팀에게 장소를 변경하자고 제안했습니다. 그러나 일본 팀은 완강하게 거부했습니다. 일본 팀의 그 누구도 캐나다 팀의 감독이 제안한 장소를 직접 가 보고 비교해 보지도 않았는데 말입니다. 이유는 아주 간단했습니다. 일본 팀은 장소를 결정하기까지 이미 너무 많은 시간과 에너지를 소모했기 때문에 더 나은 장소로 바꿀 수 없었던 것입니다.

오늘날처럼 복잡한 경제와 사회에서는 빠르게 계획을 바꾸고 신속하게 결정을 내릴 수 있는 능력이 아주 중요합니다. 그러나 위 이야기에서 알 수 있는 것처럼 일본은 변화하는 환경에 대응하는 유연성이 부족합니다. 일본의 엄격한 산업적 규율과 일본인들의 고유 문화인 집단적인 의사 결정 체제 같은 구시대의 유물 때문입니다.

이렇게 유연하지 못한 조직과 규범, 문화들은 빠르게 변화하는 지식 기반 경제의 추세에 맞지 않습니다. 이런 산업 시대의 유물이 사라지거나 다른 것으로 대체되지 않으면 일본은 미래를 향한 경주에서 뒤처지게 될 것입니다.

오늘날 일본의 젊은이들은 점점 더 늦게 결혼을 하고, 자녀를 적게 낳기 때문에 갈수록 출산율이 낮아지고 있습니다. 낮은 출산율과 함께 세계에서 가장 급속하게 진행되고 있는 고령화 문제는 일본이 해결해야 할 큰 과제 중의 하나입니다.

그리고 과거와 비교하면 직업을 가진 여성의 수가 많이 늘어났지만 일본 사회의 남녀 평등 의식은 아직도 성숙하지 않은 편입니다. 2003년 일본 정보 통신 업계의 여성 관리자 비율은 9.9퍼센트였습니다. 이는 45.9퍼센트인 미국이나 30.9퍼센트 이상인 영국, 프랑스, 독일, 스웨덴과는 크게 차이가 납니다. 게다가 일본 여성의 수입은 아직도 남성의 46퍼센트에 불과합니다.

이처럼 성 차별에 기반을 둔 노동의 구분은 일본의 발전을 가로막는 장애 요인이 되고 있습니다. 이용할 수 있는 두뇌 역량을 일본은 절반밖에 사용하지 않는 셈이니까요.

이 외에도 평생 한 직장에서만 근무하는 일본의 종신 고용제라든가 큰 것만을 지향하는 일본의 거대주의 역시 급격하게 변화하는 지식 기반 경제 환경에 어울리지 않는 요인들입니다.

미래의 많은 문제를 해결하기 위해서는 이미 무용지물이 된 산업화 시대의 틀 밖에서 아이디어를 찾아볼 필요가 있습니다. 그렇지 않으면 지식 기반 경제를 향해 나아가는 전 세계적인 경주에서 후퇴하게 될 테니까요.

앞으로는 점점 더 개인화되는 신세대의 등장으로 일본의 의식과 사회 문화도 크게 변하리라고 봅니다. 일본이 혁명적인 변화를 얼마만큼 유연하고도 신속하게 이루어 내느냐에 따라 아시아는 물론 미국과 유럽의 부의 미래가 많은 부분 결정될 것입니다. 일본의 저력은 결코 무시할 수 없으며, 다시 한번 부의 주인공이 되어 세계를 놀라게 할 수도 있기 때문입니다.

시험대 위에 오른 미국

미국은 세계 최대의 강대국인 동시에 세계 최고의 사회적, 경제적 실험실이기도 합니다. 미국이라는 연구실에서 이루어지는 실험은 기술뿐만 아니라 문화와 예술을 비롯하여 가족, 패션, 스포츠 등에 이르기까지 아주 다양합니다.

실험실에서는 언제든 실수가 발생할 수 있습니다. "실패는 성공의 어머니다!"라는 발명왕 에디슨의 말처럼 만일 실험하는 사람들이 실수를 두려워한다면 큰 성공을 이루어 내지 못할 것입니다.

그런데 미국은 실수를 허용하는 나라입니다. 오히려 그런 실수를 통해 경제적, 사회적으로 훌륭한 해결책을 찾기도 합니다.

그와 같은 실험대 위에 놓인 대표적인 제도가 미국의 학교입니다. 만약 지금의 공장식 교육 체제를 다른 것으로 대체하지 못한다면 미국은 세계적인 부의 혁명에서 지금 같은 선두의 자리를 지키지 못할 것입니다.

물론 지금은 이처럼 부정적으로 보이는 공장식 교육 체제도 제2물결 시대에는 매우 진보적인 제도였습니다. 산업화 시대 이전에는 극소수의 아이들만 학교에 갈 수 있었습니다. 가난한 집 아이들은 학교의 문턱에도 갈 수 없었습니다. 심지어 산업화가 시작된 초기만 해도 많은 부모가 아이들을 학교에 보내는 데 반대했습니다. 아이들도 들판이나 공장에 나가 일을 해야 한다는 이유에서였죠.

그러나 학교 제도는 점차 확산되었습니다. 학교가 많은 젊은이에게 근면, 정확성, 절약, 정리정돈 등 산업 사회의 규율을 심어 줌으로써 생산성 향상에 도움이 된다는 이유 때문이었죠. 따라서 학교라는 조직의 성격은 공장 조직의 성격과 아주 닮을 수밖에 없었습니다.

하지만 오늘날은 산업주의 경제체제가 아닌 지식 기반 경제체제로 나아가고 있습니다. 그래서 학교라는 제도도 시험대 위에 올라서게 된 것입니다.

마이크로소프트사의 회장인 빌 게이츠는 '미국의 고등학교는 무용지물'이라고까지 말했습니다. 그는 공교육이 더 이상 오늘날의 학생들에게 꼭 필요한 지식을 가르칠 수 없기 때문에 단순히 교육 체제를 개혁하는 정도가 아니라 완전히 바꿔야 한다고 주장합니다. 학교가 결함이 있다거나 잘못 운영되고 있는 것이 문제가 아니라 지식 기반 사회에 어울리지 않는 공장식 교육 체제 자체가 문제라는 것입니다.

문제는 미국의 학교뿐만이 아닙니다. 에너지 시스템, 교통 인프라 등 기존 산업의 영향을 받고 있는 많은 조직의 발전이 늦어지고 있습니다. 어제의 방식을 지키고자 하는 사람들이 여전히 높은 자리에 앉아 있기 때문에 변화가 쉽지 않은 것입니다. 관료와 정치인들이 아예 변화 자체를 두려워하고 책임을 지지 않으려고만 하기 때문입니다.

이로 인해 미국의 거의 모든 단체는 서로 충돌을 일으키고 있고, 시간이 흐를수록 비동시화로 인한 장애는 더욱 커지고 있습니다.

앞에서도 말했듯이 제도적 변화가 사회적 변화를 따라가지 못할 때 발생하는 비동시화는 미국을 위기로 몰아넣을지도 모릅니다. 뿐만 아니라 미래의 부를 미국이 아닌 다른 곳으로 옮겨 놓을 수도 있을 것입니다.

미래를 위한 마셜 플랜은?

미국은 세계 최대의 강국이지만 옛날 로마 제국이나 대영 제국과는 조금 다르다고 할 수 있습니다. 무엇이 다른지 한번 살펴보기로 하겠습니다.

제2차 세계대전으로 인해 전 세계는 경제적으로도 큰 변화를 겪었습니다. 당시 미국을 포함한 20개 이상의 국가에서 전쟁으로 죽은 사람의 수가 무려 5,000만 명에 이르렀습니다. 러시아에서만 최소 2,100만 명이 희생되었으며, 독일에서는 히틀러의 강제 수용소에서 학살당한 유대인을 제외하고도 500만 명 이상이 사망했습니다. 일본도 항복 직전까지 약 250만 명의 사상자를 냈습니다.

대부분의 산업이 다 파괴되고, 대혼란이 발생하여 이들 국가는 모두 산업혁명 이전으로 되돌아간 것이나 다름이 없었습니다. 전쟁이 모든 공장과 산업 시설을 폐허로 만들어 생산 자체가 불가능해졌기 때문입니다.

반면에 미국은 30만 명의 병력을 잃은 정도였고, 민간인 희생자는 거의 없었습니다. 미국 본토에는 단 한 발의 폭탄도 떨어지지 않았으니까요. 그 결과 미국은 전쟁이 끝난 후 세계에서 유일한 산업 국가가 되었습니다. 서서히 회복을 해 가는 다른 국가들과는 경쟁조차 되지 않았던 것입니다.

그런데 미국은 세계대전의 총성이 멈춘 지 3년이 지나자 매우 이상한 행동을 하기 시작했습니다. 보통 전쟁에서 이긴 국가는 패전국들에게 보상을 요구하거나 그 나라에 남아 있는 주요 시설과 기계를 강탈해 가곤 합니다. 당시 미국도 충분히 그럴 수 있었지요. 하지만 미국은 오히려 그 반대로 행동했습니다.

미국은 보상이나 강탈이 아니라 유럽에 대한 경제 원조를 계획했던 것입니다. 이 계획, 즉 마셜 플랜¹으로 미국은 서독과 유럽에 자금을 지원하여 생산 시설을 복구하고 교역이 다시 살아나게 했습니다. 일본에도 역시 많은 식량과 물자를 지원했습니다.

함께 피를 흘리며 싸운 동맹국과 서로 총칼을 겨눈 적국을 이처럼 똑같이 지원하다니 선뜻 이해가 가지 않을 것입니다. 미국은 왜 이같은 행동을 한 것일까요? 마음이 너무 좋아 자선 사업이라도 한 것일까요?

하지만 이 복구 계획은 자선 사업과는 거리가 먼, 장기적인 경제 전략 중의 하나였습니다. 미국이 아무리 발전해도 혼자서만 잘살 수는 없습니다. 미국에서 만든 제품을 사 줄 국가가 있어야 하니까요. 마셜 플랜은 이처럼 다른 국가들의 시장을 살아나게 하여 미국 상품을 잘 팔려는 전략이었던 것입니다.

또한 독일을 도운 것에는 경제를 활성화시켜 독일이 다시 나치즘으로 돌아가는 것을 사전에 막으려는 계산도 깔려 있었습니다. 그리고 무엇보다 미국의 원조는 유럽과 일본이 소련의 손아귀에 들어가지 않도록 지탱해 주는 아주 중요한 역할을 했습니다. 당시 공산주의를 앞세운 소련은 미국과 대립하면서 자유주의 진영의 국가들을 호시탐탐 노리고 있었으니까요.

이렇게 볼 때 다른 국가들에게 조건 없는 지원을 한 마셜 플랜은 역사상 가장 현명한 투자였다고 할 수 있습니다.

하지만 오늘날은 미국이 세계 경제를 주도하던 1950년대와는 여러 가지 상황이 달라졌습니다. 유럽과 일본, 중국을 비롯한 많은 지역이 경제적으로 회복되면서 강력한 경쟁자로 등장한 것입니다.

그 결과 미국의 지배력은 점차 약해지고 있으며, 지난 반세기 동안 미국은 오히려 쇠퇴의 길을 걸어 왔다고도 할 수 있습니다.

그럼에도 미국은 아직도 여전히 세계 최대의 강대국입니다. 이것

청소년 부의 미래

은 미국이 산업 강대국에만 머물려 하지 않고, 비즈니스와 경제에서 지식의 역할을 증가시키고, 문화의 중요성을 강조했기 때문입니다.

그러나 미국에서조차도 혁명적인 부 창출 시스템은 아직 완전히 자리를 잡지 못하고 있습니다. 아직도 대량 생산 제품과 서비스를 광고하며 수출까지 하고 있으니까요. 하지만 점차 맞춤형 생산으로 전환하면서 탈대중화 제품 생산을 향해 나아가고 있는 중입니다.

지금 미국은 과거의 강대국들이 겪어 보지 않았던 여러 가지 한계와 복잡성에 맞닿아 있습니다. 혁명적인 부가 등장한 후 미국이 새로운 국제 질서를 만들어 갈 수 있을지는 이 상황을 어떻게 해결해 가느냐에 달려 있을 것입니다.

공간을 확대시켜 가는 유럽연합

여러분과 같은 동양인의 시선에서 볼 때 유럽과 미국은 비슷한 점이 많을 것입니다. 하지만 최근 들어 유럽과 미국은 점점 가까워지는 것이 아니라 오히려 멀어지고 있습니다.

역사적으로 볼 때 유럽과 미국은 서로에게 주요한 무역 상대국이었습니다. 그러나 1985년 이후 중국을 비롯해 빠르게 성장하는 다른 국가들과의 교역이 증가하면서부터는 많은 것이 달라졌습니다. 유럽과 미국 간에 이루어지는 수출과 수입의 비중이 계속 줄어들고 있습니다. 중국의 갑작스런 등장이 서로 오랫동안 유지해 온 동맹 관계를 무너뜨리는 역할을 한 것입니다.

구소련의 붕괴로 인해 서유럽이 러시아의 공격을 두려워할 필요가 없어진 것도 유럽과 미국의 동맹 관계를 삐걱거리게 한 이유 중의 하나입니다. 그러나 사실 알고 보면 이 같은 분열의 조짐은 구소련이 붕괴되기 10년 전부터 이미 시작되었습니다.

당시 미국은 지식 경제를 이미 구축하기 시작한 반면, 유럽의 주요 국가들은 전쟁 후의 복구와 제2물결 산업의 확대에 치중하고 있었던 것입니다.

심층 기반의 3가지 요소인 시간과 공간, 지식에 대해서도 미국과 유럽은 서로 상반된 태도를 보입니다. 이런 차이는 오늘날 유럽과 미국의 틈을 더욱 벌려 놓고 있습니다. 그럼 시간적인 측면부터 살펴보겠습니다.

미국의 근로자들은 재택 근무 덕분에 자신의 업무 시간을 스스로 조절합니다. 이에 비해 유럽의 근로자들과 고용자들은 한결같이 고정 근무 시간제를 고집하고 있습니다.

음식 문화에서도 미국은 패스트푸드 시장의 고향인 데 비해 유럽은 슬로푸드[1] 운동의 본고장입니다. 슬로푸드 운동이란 패스트푸드에 대항하기 위해 생겨난 것으로서, 느린 식사 습관을 찬양하는 운동입니다. 음식뿐 아니라 생활 전반에서 유럽인들은 '천천히'를 강조하며 느리게 진행되는 삶을 즐기고 있습니다.

빠름과 느림은 각각 장단점이 있습니다. 그 장단점이 무엇이든지 간에 어떤 사회가 시간을 다루는 방식은 부를 창출하는 데 중요한 의미를 갖습니다. 이 때문에 유럽은 더 이상 느림의 즐거움에만 빠져 있을 수는 없을 것입니다.

유럽의 기업 활동 역시 여러 가지 규제로 인해 매우 느리게 진행되는 경우가 많습니다. 한 예로 유럽에서 특허를 받으려면 미국보다 훨씬 오래 걸려서 4년 혹은 10년 가까이 걸리기도 합니다. 1분 1초를 다투는 첨단 기술 분야에서 이것은 아주 심각한 걸림돌이 될 수 있습니다.

또 유럽에서는 회사 본사를 다른 지역으로 옮기는 것과 기업의 법적 형태를 전환시키는 데도 절차가 복잡하여 시간이 아주 많이 걸립니다.

방위 산업과 군사 부문에서도 유럽의 북대서양조약기구(NATO)는 위기 상황에서 빨리 대응하는 것에 역점을 두는 미군과 보조를 맞추지 못할 정도로 느립니다. 합동 작전을 펴기 힘들 정도이지요.

이처럼 생활 양식과 문화, 군사 문제를 비롯해 기업과 경제에서까지 미국과 유럽 사이의 속도 차이는 점점 벌어지고 있습니다.

유럽은 공간이라는 심층 기반을 대하는 태도도 미국과 다릅니다. 유럽연합은 점점 더 많은 회원국을 가입시키며 공간적 범위를 계속 확대시키고 있습니다. 이는 크면 클수록 그리고 인구가 많을수록 더 부유해진다고 믿는 산업 사회 시대의 시각을 아직도 가지고 있기 때문입니다. 국토의 크기로 따지자면 러시아는 유럽연합보다 4배, 브라질은 2배나 더 큽니다. 반면 700제곱킬로미터의 작은 면적에 불과하지만 아주 잘살고 있는 싱가포르 같은 나라도 있습니다.

오늘날은 지리적 근접성이라든가 국토의 크기가 가지는 의미는 점차 줄어들고 있습니다. 신속한 운송 수단과 점점 더 가벼워지는 제품들, 게다가 보이지 않는 무형의 서비스 거래가 차지하는 비중이 점점 더 높아지고 있기 때문입니다.

유럽에서 혁명적 부를 향해 가장 앞서 나가고 있는 나라도 오히려 작은 나라들입니다. 전자 통신이나 소프트웨어 업계에서 두각을 나타내는 핀란드와 스웨덴, 아일랜드 같은 나라들 말입니다. 유럽연합은 이런 사실을 염두에 두어야 할 것입니다.

마지막으로 지식이라는 심층 기반에서도 유럽과 미국은 커다란 차이를 보이고 있습니다. 미국이 지식혁명에 초점을 맞추고 있는 데 비해 유럽은 적절하게 변화하지 못하고 있습니다. 또한 과학 기술에 대한 서유럽의 뿌리 깊은 적대감도 변화를 방해하는 요소로 지적할 수 있습니다.

서유럽의 노동조합은 기술 발전으로 인한 실직을 두려워합니다. 시민 단체들도 신기술을 무조건 반대하는 경우가 많습니다. 아시아가 최신 기술을 향해 맹렬히 달리는 동안 서유럽은 기술의 개발을 저지하기 위한 장벽을 만드는 데만 몰두해 온 것입니다.

이처럼 시간과 공간, 지식이라는 3가지 심층 기반의 측면에서 유럽과 미국은 점점 더 거리가 멀어지고 있습니다. 이런 차이를 줄이기 위해서는 유럽이 제3물결의 부 창출 시스템으로 서둘러 전환하거나 아니면 미국이 현재 상태에서 멈추고 과거로 되돌아가는 방법밖에 없을 것입니다.

미래와 마주하며

세계는 이제 하나로 맞물려 있습니다. 한 나라의 추락은 곧 세계의 추락을 의미하기도 합니다. 결국 혁명적인 부는 더 이상 한 나라만의 소유물이 아니라는 뜻입니다.

제3물결의 부 창출 시스템은 미국에서 시작되어 불과 수십 년 만에 태평양을 건너 아시아를 변화시키고 있습니다. 여러분이 살고 있는 한국은 단 한 세대만에 제1물결에서 제2물결의 삶을 겪고 이제 정보화 물결의 선두를 달리고 있는 나라입니다. 초고속으로 변하는 한국인의 삶은 '빨리빨리'라는 말과 함께 세계적으로 널리 알려져 있습니다. 한국의 비약적인 경제 성장에 대한 관심이 아니더라도 한반도는 늘 국제 사회의 주목을 받고 있습니다. 그것은 한반도가 지정학적으로 중요한 위치에 있다는 것과, 북한의 핵 문제 그리고 지구상에 마지막 남은 분단 국가라는 점 때문일 것입니다.

한반도의 미래에 대해서는 아무도 정확히 예측할 수 없습니다. 수많은 전문가들이 다양한 시나리오를 내놓고 있지만 어떤 요인으로 어떻게 지각 변동이 일어날지는 3가지 심층 기반 중 시간이 가장 중요한 요소로 작용할 것입니다. 핵 협상을 위한 시간과 통일의 시기야말로 한반도 미래의 핵심이라고 할 수 있으니까요.

그리고 한 가지 이야기할 수 있는 것은 변화에 아주 민감하고, 열정적이며 활력에 넘치는 국민들이 있는 한 대한민국의 미래는 아주 밝다는 것입니다.

여러분은 이제 가장 복잡하면서도 급격하게 변화하는 미래 속으로 뛰어들게 될 것입니다. 불안정하고 혼란스러운 세계와 마주한다는 것은 어쩌면 두려운 일일 수도 있습니다. 그럼에도 불구하고 이 또한 살아볼 가치가 있는 환상적인 순간이라는 것을 여러분도 깨닫게 되기 바랍니다.

어디로 갈 것인가?

기성세대들은 멀티태스킹¹에 익숙한 젊은이들의 민첩성에는 놀라워하면서도 그들의 사고가 너무 즉각적이고 참을성이 없다는 것에 대해서는 우려를 표합니다. 그러나 할리우드를 비롯한 여러 미디어들은 신중하게 생각하고 계획하는 것보다는 충동적인 영웅들을 미화하고 있습니다.

정치가들도 자신의 임기보다 먼 미래, 즉 수십 년 뒤에 벌어질 중요한 문제에 대해서는 미처 생각할 겨를이 없습니다. 이러한 즉시성은 비즈니스에도 똑같이 적용됩니다. 상황이 너무 급격하게 변해서 기업들이 전략을 짤 시간이 없다고 말할 정도입니다.

하지만 사회와 삶의 변화 속도가 빨라질수록 미래에 대한 비전은 더욱 중요해집니다. 이것이 없다면 변화에 휩쓸리기만 할 뿐 능동적으로 세상을 살 수 없기 때문입니다.

지식혁명의 시대를 살면서 우리는 유연하면서도 신속하게 변해가야만 합니다. 그러나 미래에의 전략 없이 민첩성만을 중요시한다면 가장 가까운 공항으로 미친 듯이 달려가 제일 먼저 출발하는 비행기를 타는 것과 다르지 않을 것입니다.

어디로 갈 것인지 목적지를 고려하지 않는 것은 우리가 어디에 도착하건 아무런 상관이 없을 때나 가능한 일일 테니까요. 그러나 우리에게는 도착지가 중요합니다. 미래는 우리가 어디로 가야 할지를 총체적으로 생각하는 사람들의 것이어야 하기 때문입니다.

내일의 주역이 될
청소년들을 위하여

마치는 글

자, 지금쯤은 여러분도 아주 고단할 것입니다. 나와 함께 전 세계를 돌며 과거와 현재는 물론 미래까지도 두루 여행을 하느라 말입니다. 너무 많은 지식과 정보를 한꺼번에 듣느라 머리도 꽤나 아플지 모르겠습니다.

쉽게 얘기하려고 노력했지만 그중에는 아마 여러분이 이해하기 힘든 부분도 있었을 겁니다. 하지만 조금 어렵다고 해서 나와는 상관없는 일이라고 생각해서는 안 됩니다. 이 책에 담긴 내용들은 여러분이 직면하게 될 미래에 대한 이야기니까요. 그리고 미래에는 이처럼 복잡한 것들을 이해하고 그것을 잘 다루는 능력이 더욱 중요해지기 때문입니다.

이 책을 통해 한국의 청소년들이 대한민국의 오늘과 내일을 가늠해 보고, 이 세상에 대해 단편적으로 알고 있던 것들을 큰 틀로 엮어 생각할 수 있다면 나로서는 행복한 일입니다.

이제 마지막으로 여러분에게 들려주고 싶은 말이 하나 있습니다. 바로 시각 장애인이자 청각 장애인이었던 헬렌 켈러의 말입니다.

"비관론자가 우주의 비밀을 풀거나, 해도에 없는 지역을 항해하거나, 인간의 정신 세계에 새로운 지평을 연 사례는 단 한 번도 없다."

또 제2차 세계대전 때 연합군의 노르망디 상륙 작전을 지휘했던 명장이자 미국의 제34대 대통령이었던 아이젠하워 역시 이렇게 말했습니다.

"비관론자는 어떤 전투에서도 승리하지 못했다."

현재 많은 사람이 불확실한 미래에 대해 걱정하고 있습니다. 전문가들은 여러 가지 비관적인 전망을 내놓고 있으며, 여러분이 보는 영화나 소설 등에서 그려지는 미래 사회도 대부분 어두운 이야기뿐입니다.

하지만 여러분은 결코 미래를 비관적으로 보지 않기를 바랍니다. 인간의 창조성은 심각한 위기의 순간에 오히려 가장 큰 능력을 발휘하니까요. 또한 새로운 부 창출 시스템과 문명은 앞으로 수십억의 인류가 더 부유하고 건강하게 살 수 있도록 많은 기회를 열어 줄 것이기 때문입니다.

나는 여러분이 너무 부럽습니다. 여러분은 시간이라는 가장 큰 자산을 가지고 있기 때문입니다. 미래를 꿈꾸고, 설계하고, 준비할 시간 말입니다. 이 시간이라는 자산을 잘 관리하면서 지금부터 미래에 대비할 폭넓은 지식을 키워 가기 바랍니다.

미래의 세상을 이끌어 갈 주인공은 바로 여러분입니다. 그리고 미래에 여러분이 활약할 공간은 여러분이 태어난 도시나 국가에만 국한되지 않습니다. 바로 전 지구촌, 5대양 6대주가 모두 여러분이 활약할 무대입니다. 아니, 지구라는 이 작은 행성을 넘어 저 먼 우주까지도 모두 여러분의 무대라는 것을 잊지 말기 바랍니다.

청소년 여러분! 커다란 꿈과 희망을 가지고 미래를 향해 힘차게 달려가기 바랍니다.

세상을 읽는 핵심 키워드가 쏙쏙!

미래 지식 사전

경제체제(economic system)

경제 생활의 양식을 그 특징에 따라 파악한 총체적인 틀. 생산 수단을 사유하느냐 공유하느냐에 따라 자본주의 경제체제와 사회주의 경제체제로 나누고, 경제 자원의 배분과 조정이 개별 경제 주체에 의해 이루어지느냐 국가에 의해 통제되느냐에 따라 시장 경제체제와 계획 경제체제로 나눈다. 현대의 자본주의 국가들은 정도의 차이는 있으나 대부분 혼합 경제체제를 취하고 있다. 정부가 경제에 개입하는 목적은 시장 경제의 질서를 유지하고 국민의 삶의 질을 향상시키기 위해서이다.

경제협력개발기구

(OECD, Organization for Economic Cooperation and Development)

제2차 세계대전 후 16개의 서유럽 국가들이 모여 발족한 유럽경제협력기구를 더욱 확대·개편한 국제 기구. 경제 성장과 무역 활성화를 위해 최선의 정책 방향을 모색하고 협력함으로써 공동의 안정과 번영을 도모하는 것을 목적으로 한다. 우리나라는 OECD 회원국으로 1996년에 가입하였다. 이 기구에 가입하는 것은 일반적으로 선진국이 되는 것을 의미한다. 개발도상국에 대한 경제 원조 또한 중요한 목표여서 유엔은 회원국 GNP의 0.7퍼센트를 개발도상국에 지원하게 하고 있다.

고령화, 고령화 사회(aging society)

출생률이 계속 낮아지고 평균 수명이 연장되면서 노인 인구가 늘어나는 현상을 고령화라고 한다. 고령화 사회는 65세 이상의 노인 인구가 전체 인구의 7퍼센트 이상을 차지하는 사회를 말한다. 14퍼센트 이상인 사회는 고령 사회(aged society), 20퍼센트 이상인 사회는 초고령 사회(super-aged society), 또는 후기 고령 사회(post-aged society)라고 한다.

고령화 사회가 되면 노동력 부족과 젊은 층의 노인 인구 부양 부담으로 인해 생산성의 하락을 겪게 된다. 2000년부터 65세 이상의 고령 인구가 총인구의 7.1퍼센트를 넘어 고령화 사회에 진입한 우리나라도 출산 장려, 고령 인구 활용, 노인 복지 대책 등 다양한 대책 마련에 고심하고 있다.

고부가가치(higher value-added)

고부가가치란 생산 과정에서 보다 높은 이익이 부가되는 것, 즉 적은 비용으로 많은 이익을 창출하는 것을 말한다. 지식과 신기술을 바탕으로 한 산업을 흔히 고부가가치 산업이라고 한다.

고용(employment)

노동력이 서비스나 재화의 생산에 투입되는 것을 말한다. 취업은 물론 농업이나 상업 같은 자영업 형태도 고용에 포함된다.

공급(supply)

교환이나 판매를 위해 재화나 서비스를 제
공하는 일을 말한다. 이때 공급을 하는 사람
을 공급자, 판매하려는 양을 공급량이라고
한다.

공산주의(communism)

사유재산제도를 부정하고 모든 재산의 공
유화를 실현함으로써 부를 골고루 분배하
여 계급 없는 평등한 사회를 이룩하려는 사
상 및 운동. 하지만 역사적으로 공산권 국
가들은 공산주의 이상을 실현하지 못하고
경제 문제에 부딪혀 몰락의 길을 걷게 되
었다.

관료주의(bureaucratism)

권위에 따라 위계 질서를 만들고 공식적인
규칙과 절차에 따라 업무가 이루어지는 집단
이나 사회에서 나타나는 행동 양식. 대규모
의 조직체나 정부 조직의 운영 방식이 대표
적인 예이다. 관료주의는 절차에 치중하여
유연하게 어떤 일에 대처하지 못하거나 규칙
에 너무 얽매여 창의성을 발휘하지 못하는
등 여러 가지 문제점을 안고 있기도 하다.

광저우(廣州)

중국 광동성의 행정·경제·문화 중심지이자
화난 지방 최대의 무역 도시. 전통적으로 견
직물, 칠기, 상아세공품 등 수공예품 공업을

해 왔으나 근래 방직, 제지 등의 경공업과 시
멘트, 조선, 철강 등의 중화학공업도 발전하
였다. 해마다 봄·가을에 수출상품박람회가
개최되는 등 활발한 무역 도시의 면모를 갖
추고 있다.

구글(Google)

1998년 9월 미국 스탠퍼드 대학교의 대학
원생 두 명이 공동으로 설립한 인터넷 검색
엔진 업체이다. 후발 업체임에도 불구하고
획기적인 검색 서비스를 제공하여 세계 최대
의 인터넷 검색 엔진으로 떠올랐다. 2007년
에는 마이크로소프트사를 따돌리고 세계에
서 가장 브랜드 가치가 높은 기업으로 선정
되었다.

국내총생산
(GDP, Gross Domestic Product)

여러 국가 간의 경제 성장을 비교할 때 흔히
사용되는 수치로, 한 나라에서 일정한 기간
동안 생산된 모든 최종 생산물의 시장 가치
를 합산한 것을 말한다. 개인이 보유하고 있
는 토지나 주택 등은 GDP에 포함되지 않으
며, 외국인이 국내에서 생산한 것은 포함되
나 자국민이 외국에서 생산한 것은 포함되지
않는다. GDP는 한 나라의 경제 활동 수준
이나 경제 규모를 파악하는 지표가 된다.
이에 비해 국민총생산(GNP)은 국내 법인이
나 개인 등 국민이 창출해 낸 부가가치의 총

액을 가리킨다.

국수주의자(nationalist)

자기 나라 혹은 자기 민족의 역사·전통·정치·문화의 고유성만을 가장 뛰어난 것으로 믿는 극단적인 태도나 경향을 가진 사람을 말한다. 이들은 다른 나라나 민족에 대해 배타적인 경향을 띨 때가 많다. 제2차 세계대전 당시 이탈리아의 파시스트, 독일의 나치스가 대표적인 경우이다.

국제 기구

(international organization)

20세기에 일어난 두 차례의 세계대전과 고도의 산업화, 교통 통신의 발달 등은 국제 사회의 상호 의존성을 증대시켜, 기본 조약에 입각해 일정한 목적을 가지고 활동하는 수많은 국제 기구가 만들어졌다. 국제법상 독자적으로 존재, 행동하는 조직체로 국제 기관, 국제 조직, 국제 단체라고도 한다.

세계 평화 유지를 위한 국제연합(UN), 전쟁의 피해 속에 고통 받는 아동의 구호와 저개발국 아동의 복지 향상을 위해 설립된 국제연합아동기금(UNICEF), 그밖에도 세계보건기구(WHO), 세계무역기구(WTO), 국제통화기금(IMF) 등이 국제 기구로서 다양한 국제 활동을 펼치고 있다.

국제연합(UN, United Nations)

제2차 세계대전 후에 탄생한 국제 평화 기구. 국제 분쟁의 평화적 해결, 군비 축소 활동, 국제 협력 활동 등을 목적으로 한다. 본부는 뉴욕에 있고 총회, 안전보장이사회, 경제사회이사회, 신탁통치이사회, 국제사법재판소, 사무국의 6개 주요 기구와 16개의 전문 기구, 보조 기구로 구성되어 있다. 2007년 1월 반기문 국제연합 사무총장이 한국인 최초로 취임했다.

국제천문연맹(IAU, International Astronomical Union)

프랑스 파리에 있는 학술 단체로, 세계 각국 천문학 전문가들의 교류와 연구 촉진을 목적으로 설립되었다. 1919년에 창립되었으며, 3년마다 각국을 순회하며 총회를 개최하여 천문학 각 분야의 연구를 촉진하고 있다.

국제통화기금(IMF, International Monetary Fund)

세계 무역의 안정을 위하여 설립한 국제 금융 기구. 구조적인 국제 수지 적자로 인해 외환 위기를 겪고 있는 나라에 구제 금융을 제공하는 기능을 수행하고 있다.

그라민 은행(Grameen Bank)

1976년 방글라데시의 무하마드 유누스가 빈곤 퇴치를 위해 설립한 은행. 가난한 사람

들에게 담보 없이 소액의 종자돈을 빌려 주
어 자립을 돕는 대안 금융제도로, "빈곤은
게으름 때문이 아니라 자립 기회를 주지 않
는 사회구조 탓"이라는 유누스의 신념을 바
탕으로 시작되었다. 현재 그라민 은행은 방
글라데시 전역에 2,185개의 지점을 둔 대형
은행으로 성장하였으며, 사회적 빈곤 퇴치에
크게 기여한 공로를 인정받아 무하마드 유누
스와 함께 2006년 노벨평화상을 공동 수상
했다.

그린피스(Greenpeace)

1972년에 설립된 국제 환경 보호 단체로,
핵실험 반대 및 자연보호 운동을 목적으로
하는 민간 기구이다. 고래나 바다표범 등 멸
종 위기에 있는 동물들을 보호하고, 독성이
있는 화학 폐기물이나 방사능 폐기물을 바다
에 버리지 못하게 하는 등의 활동을 한다. 환
경을 훼손하는 기업이나 정부 당국과 직접
맞섬으로써 환경에 대한 경각심을 높이는 데
힘쓰고 있다.

그림문자(pictograph)

문자 발생 초기에 의사 전달의 수단으로 쓰
여진 그림. 사물의 형태를 그대로 본떠 만든
상형 분자 앞 단계의 분자.

기반(fundamental)

기초가 되는 바탕이나 토대를 말한다. 한 국

가의 경제가 얼마나 튼튼한지를 나타내는 용
어로, 기초 경제 여건이라고 풀이할 수 있
다. 보통 경제 성장률, 물가 상승률, 재정수
지, 경상수지, 외환 보유고 등과 같은 거시
적인 지표들로 나타낼 수 있다. 기반이 중요
한 이유 가운데 하나는, 어떤 나라에서 다른
나라에 돈을 빌려 주거나 투자를 할 때 그 나
라의 기초 경제 여건을 보고 결정하기 때문
이다.

깨진 유리창 이론
(Broken Window Theory)

만약 깨진 유리창을 갈아 끼우지 않고 그대
로 둔다면 그걸 본 사람들은 다른 유리창을
더 깨거나 주변에 쓰레기를 버리는 등의 행
위를 거리낌 없이 하게 되고, 준법 정신이 약
화되어 또 다른 큰 범죄 행위를 야기하게 된
다는 이론이다. 즉 사소한 문제들이 심각한
범죄를 불러일으킨다는 것이다. 이 이론을
적용하여 낙서를 깨끗이 지우고 무임 승차를
단속하는 등 작은 위법 행위를 철저히 단속
함으로써 뉴욕 지하철의 범죄율이 감소한 사
례도 있다.

나치즘(Nazism)

히틀러가 통솔했던 나치당이 주장한 정치 사
상 및 지배 체제. 중심 이론은 개인의 자유보
다는 집단의 이익을 우선시하는 전체주의, 게
르만 민족 지상주의와 반유대주의이다. 침

략 전쟁을 시도하여 제2차 세계대전의 원인이 되었으며, 유대인 대학살을 자행하였다.

낙수 효과(trickle-down effect)
부유층의 소비 증가가 저소득층의 소비 증대로 이어져 전반적으로 경기가 활성화되는 현상을 말한다.

남북전쟁(American Civil War)
1861년부터 1865년까지 4년간 미국의 북부와 남부 사이에 벌어진 내전. 전쟁의 원인은 겉으로 드러난 노예제도 찬반 대립뿐만 아니라 주가 연방으로부터 분리·탈퇴한다는 것이 헌법에서 인정되는가에 관한 헌법 해석의 문제, 각 지역 간의 이해 대립 등 복잡다단한 문제가 얽혀 있었다. 전쟁은 남부의 패배로 막을 내렸으며, 노예제도의 폐지, 경제 구조의 변화 등 정치·사회·경제적으로 큰 변화를 가져왔다. 전쟁 이후 체계적인 재건 작업이 이루어지면서 국가적 단합이 공고해지고 경제가 급속도로 발전하는 계기가 되었다.

내비게이션(navigation)
위성항법장치가 내장되어 차량의 위치를 자동으로 표시해 주면서 길을 안내하는 장치나 프로그램.

냅스터(Napster)
개인이 가지고 있는 음악 파일을 인터넷을 통해 공유할 수 있게 해 주는 프로그램으로, 냅스터는 이 프로그램을 개발한 대학생 숀 패닝의 별명이다. 1999년에 시작된 이 서비스의 이용자 수가 폭발적으로 늘어나 음악 파일의 불법 복제가 성행하자, 미국 내 음반사들은 저작권 침해 혐의로 소송을 제기해 서비스 중지 판결을 받은 바 있다. 우리나라의 소리바다도 이와 비슷한 예이다. 사용자 간에 MP3 음악 파일을 검색하고 다운로드받을 수 있는 국내 대표적인 음악 파일 교환 서비스인 소리바다는 2000년 서비스를 시작했는데, 검색 서비스의 저작권 침해가 문제되어 2002년 7월 법원의 서비스 중지 가처분 결정을 받은 바 있다. 2006년 7월부터 전면 유료화된 서비스를 제공하고 있다.

네트워크(network)
서로 통신을 하기 위해 두 개 이상의 장치들이 연결되어 있는 통신 구조. 방송, 통신, 인터넷 등 넓은 범위를 전송 장치, 교환 장치 등을 이용하여 그물망처럼 연결해 주는 것을 말한다. 즉 네트워크는 보이지 않는 길이라고 할 수 있다.

노동조합(labor union)
근로자들이 단결하여 근로 조건의 개선 및 경제적 이익을 도모하기 위해 조직한 단체. 노동조합은 단결권, 단체교섭권, 단체행동권의 노동 3권이 법적으로 보장되어 있으며 쟁의에서 주장을 굳히기 위해 파업, 태업, 보이콧 등으로 실력을 행사한다.

노르망디 상륙 작전
(Normandy Invasion)
제2차 세계대전 중인 1944년 6월 미국, 영국 등을 주축으로 한 연합군이 아이젠하워의 총지휘 아래 북프랑스의 노르망디 해안 상륙을 감행한 것이다. 이 작전의 성공으로 연합군은 독일 본토로 진격하기 위한 발판을 마련하였고, 연합군의 승리를 이끄는 계기가 되었다.

농노제도(helotry)
중세 봉건 사회에 농민이 지주의 땅을 경작하는 대신 부역과 공납의 의무를 지녔던 사회 제도를 가리킨다.

농업혁명(agricultural revolution)
인류가 수렵과 채취로 생존하던 것에서 벗어나 농사를 짓고 가축 사육에 성공하여 농업 사회로 이행한 문명의 획기적인 변화를 말한다.
18세기 초와 19세기 후반에 걸쳐 일어난 농업의 근대화를 농업혁명이라 일컫기도 하는데, 이 책에서 토플러 박사가 말하는 농업혁명은 전자의 개념이다.

뉴에이지(New Age)
1980년대 이후 서양적인 가치관이나 문학에 대한 비판으로서 그에 대신한 종교, 의학, 철학, 점성술, 환경 등 여러 분야에서 전체론적인 접근을 하려는 신문화 운동. 인간의 내적 능력과 영적인 부분에 주된 관심을 보이는 이 운동은 '신은 만물 안에 존재하고 만물은 곧 신'이라는 범신론적인 경향 때문에 한국의 개신교와 충돌하기도 한다. 뉴에이지의 흐름은 현대인의 생활 속에도 자연스럽게 파고들었는데, 심리 치료와 명상 음악으로 대중화된 뉴에이지 음악을 예로 들 수 있다.

뉴욕 타임스(The New York Times)
1851년에 창간된 미국의 대표적인 일간신문. 두 번의 세계대전을 비롯하여 세계사의 굵직한 사건 때마다 신속 정확한 보도를 통해 명성을 쌓았고, 정치 및 국제 문제에 대한 권위 있는 사설로도 정평이 나 있다.

담보(mortgage)
돈을 빌릴 때 차후 못 갚을 경우를 감안하여 부동산 등 그 사람이 가지고 있는 재산권을 잡히는 것을 가리킨다.

대량 생산(mass production)
기계를 이용하여 똑같은 물건을 짧은 시간 안에 대량으로 만들어 내는 일. 농업 사회에서는 필요한 물건을 수공업으로 소량 생산하여 자급자족하였으나, 산업혁명으로 공업이 비약적으로 발전하면서 공장에서 기계를 이용하여 동일한 상품을 대량으로 생산하는 것이 가능해졌다.

대안 화폐(alternative money)
전통적인 개념의 화폐를 대신하여 통용되는 상품 교환의 매개체. 신용 카드, 사이버머니 등이 이에 속한다.
최근에는 지역 공동체 안에서 실험적으로 발행하고 있는 녹색화폐, 지역 대안화폐 운동인 '레츠' 등이 주목을 받고 있다.

대영 제국(British Empire)
17세기 이후 영국의 본토와 식민지, 보호령 및 여러 속령 등을 통틀어 이르던 말이다. 대영제국은 17세기 초 이래 해상 무역의 활로를 적극적으로 개척하여 아시아와 아메리카, 아프리카 등지에 넓은 식민지를 확보하였는데, 19세기에 이르러 전성기를 맞았다. 이때 대영제국은 '해가 지지 않는 나라'라고도 불렸다. 하지만 식민지 내에서 독립 운동의 불길이 거세지고 영국의 국력이 약화됨에 따라 대영제국은 영국의 상징적인 종주권만 인정하는 영연방으로 변모하였으며, 제2차 세계대전 후에는 식민지가 연이어 독립하였다.

덩샤오핑(鄧小平)
중국의 정치가. 마오쩌둥과 화궈펑 이후 정치적 실권을 장악하고, 기업가와 농민의 이윤 보장, 지방분권적 경제 활성화, 엘리트 양성, 외국인 투자 허용 등의 실용주의적 개혁을 단행하여 중국 경제를 크게 성장시켰다. 1997년 2월 19일에 사망하였다.

도시화(urbanization)
인구가 도시로 집중되고 도시적인 생활 양식이 확대되는 현상을 말한다. 도시화 현상은 산업혁명 초기에 농촌의 인구가 일자리를 얻기 위해 도시로 대거 이동하면서부터 본격적으로 나타나기 시작했다. 이러한 현상은 점차 개발도상국에까지 확대되어 오늘날에는 67억 명의 전 세계 인구 가운데 무려 26억 명이 도시에 살고 있다. 도시화는 생산성을 증대시켜 삶의 질을 높이는 토대가 되었으나, 과도한 인구 집중으로 인해 환경오염, 교통 체증, 주택 부족 등의 부작용을 낳기도 한다.

도요타(Toyota Motor Corporation)
1937년 설립된 일본의 자동차 회사. 제2차 세계대전에서 일본이 패전한 충격으로 경영상 위기를 겪었으나 이를 극복하고 세계적인 자동차 회사로 발돋움하였다. 현재 전 세계 140여 개 나라에 자동차를 수출하고 있다.

동아시아(East of Asia)

유라시아 대륙의 동쪽에 위치한 나라들로 한국, 중국, 일본을 포함한다. 동아시아는 대륙과 대양을 연결하고 적도의 열대 지역과 북극의 한대 지역을 연결하는 거점 구실을 하고 있어 지정학적으로 중요한 위치를 차지한다.

유럽이나 북미의 선진국에 비해 산업화가 늦었지만 경제 대국으로 자리매김한 일본에 이어 한강의 기적을 이룬 한국, 눈부신 경제 성장을 거듭하고 있는 중국의 부상은 세계의 주목을 받고 있다. 동아시아의 경제 발전 잠재력은 더욱 증대되고 있으며, 앞으로 세계의 핵심 지역으로 부상할 가능성이 높은 것으로 평가받고 있다.

동시화(synchronization)

지식 정보화 사회의 발전 과정에서 사회의 여러 영역들이 서로 변화의 속도를 맞추는 일. 토플러 박사는 미래의 부를 창출하는 데 있어 사회, 경제, 법과 제도 등의 동시화가 중요한 요소라고 주장한다. 또한 미래 사회는 각 요소들이 동시에 발전하지 못하는 비동시화로 인해 위기를 맞이할 수 있다고 예측했으며, 산업 전체의 발전 속도에 크게 뒤처지는 법 규제 때문에 산업의 발전이 더뎌지는 것을 우려하였다.

동시화 산업(synchronization industry)

지식 경제가 요구하는 속도의 변화에 맞추지 못할 경우 생기는 문제점과 경제적 손해를 극복하려는 생산적 활동을 통틀어 동시화 산업이라고 한다. 24시간 편의점, 은행 업무 시간과 별개로 언제든 금융 업무를 처리할 수 있는 인터넷 뱅킹 등 수요자의 시간 패턴에 맞추어 나가는 동시화 산업이 확산되고 있다. 현대 사회는 시간 조절이 매우 복잡하고 중요해졌기 때문에 동시화 산업은 급속하게 성장하고 있다.

DNA(Deoxyribo Nucleic Acid)

유전 정보를 포함하고 있는 물질로, 디옥시리보 핵산이라고도 한다. 유전자의 본체로서, 생명 활동을 유지하는 데 필수적인 효소 등 각종 단백질의 생산에 관계하는 암호 역할을 수행한다.

DVD(Digital Video Disc)

영상과 음성을 디지털화하여 저장하는 차세대 영상 정보 기억 매체로, 용량은 일반 CD의 6~8배 정도이다. 고화질의 영상을 재생하는 매체로 주목받았으며, PC용 기억 장치, 게임 등에 폭넓게 이용되었다.

러시아 혁명(Russian Revolution)

제1차 세계대전 중인 1917년 러시아에서는 두 차례의 혁명이 일어났다. 전제 군주제를 타도한 3월 혁명과 세계 최초의 사회주의 국가를 탄생시킨 11월 혁명이 그것이다.

러시아가 독일·오스트리아 연합군과의 전투에서 패전을 거듭하는 동안 국민들은 황제와 정부에 대한 불만이 극에 달하였고, 전쟁을 반대하는 대규모 시위가 일어나 황제를 몰아내고 임시 정부가 구성되었다. 그러나 임시 정부가 전쟁을 계속하려 하자 레닌을 중심으로 한 볼셰비키가 혁명을 일으켜 임시 정부를 무너뜨리고 소비에트 정부 수립을 선포하였다. 소비에트 정권은 독일과의 전쟁을 끝내고 사회주의 개혁을 실시하였다.

르몽드(Le Monde)

파리가 나치 점령에서 해방된 1944년 12월 18일, 드골 정부 때 창간된 프랑스의 일간 신문. 초대 편집장 위베르 뵈브메리의 노력에 힘입어 권력으로부터 독립적인 언론의 자주성을 견지해 왔고, 기자들은 자유롭고 소신 있는 견해를 피력하며 일관된 이념적 색채는 띠지 않는다. 국외 소식을 다룬 기사가 많은 비중을 차지하고 있다.

리눅스(Linux)

1991년 핀란드 헬싱키 대학 학생이던 리누스 토발즈가 대형 기종에서만 작동하던 운영 체계인 유닉스를 386기종의 개인용 컴퓨터에서도 작동할 수 있게 만든 운영 체계. 인터넷을 통해 프로그램 소스 코드를 완전 무료로 공개하여 사용자는 원하는 대로 특정 기능을 추가할 수 있을 뿐만 아니라, 어느 플랫폼에도 포팅이 가능하다. 이러한 장점 때문에 일반 기업과 인터넷 서비스 업체, 연구 기관 등에서 수요가 늘어나고 있다. 한국에서도 1999년부터 리눅스 사용자가 꾸준히 증가하면서 리눅스를 상품화하려는 업체들이 늘고 있으며, 리눅스의 설치 및 구성, 그리고 관리 운영 기술 및 프로그램 작성 교육이 점차 활발해지고 있다. 컴퓨터 업계에서는 리눅스가 소프트웨어의 제국 마이크로소프트를 흔들 수 있는 잠재력이 있는 것으로 평가하고 있다.

마셜 플랜(Marshall plan)

제2차 세계대전 후 미국이 공산당의 영향력 확산을 막고자 유럽에 대해 실시한 경제 원조 계획. 미국의 국무장관 조지 마셜에 의해 발표된 마셜 플랜은 결과적으로 서구 여러 나라에 미국의 영향력을 확대시키는 계기가 되었다.

마이크로소프트사
(Microsoft Corporation)

1975년 빌 게이츠와 폴 앨런이 설립한 소프트웨어 개발 전문 회사. PC용 프로그램 언어인 베이식(BASIC)을 시작으로 엑셀(Excel), 마이크로소프트 워드(Microsoft Word)

등 다양한 프로그램을 개발하였다. 1985년에 선보인 윈도(Windows)는 계속해서 발전된 형태의 변형판들을 발매하며 개인용 컴퓨터 운영 환경으로 가장 널리 사용되고 있다.

마일리지 서비스(mileage service)

고정 고객 확보를 위한 항공사나 철도 회사의 판매 촉진 프로그램으로, 여행 거리에 따라 점수를 누계하여 여러 가지 혜택을 주는 제도이다. 초기에는 단순히 여행 거리만 합산했으나 최근 들어 은행·카드 회사 등 금융 기관과 제휴해 예금이나 환전액, 카드 사용 실적에 따라 점수를 더해 준다. 또한 호텔, 렌터카 업체, 이동 통신, 인터넷 쇼핑몰 등도 이용 정도에 따라 여러 가지 서비스를 제공하고 있다.

맞춤형 제품

개인 혹은 소규모 소비자 집단의 다양한 기호에 맞추어 소량으로 생산하여 판매하는 제품. 디자인과 성능이 동일한 제품을 대량으로 쏟아내던 산업 사회의 생산품에 반대되는 개념이다.

멀티태스킹(multitasking)

하나의 컴퓨터가 동시에 여러 개의 응용 프로그램을 수행하는 것을 말한다. 컴퓨터는 대부분 중앙처리장치(CPU)에 의해 처리 속도가 좌우된다. 하지만 CPU만큼이나 작업 수행에 영향을 미치는 것은 컴퓨터 주변 장치들에 의한 입출력 처리 속도이다. CPU는 주변 장치들이 다음 작업을 위해 자료를 입출력하는 동안 그냥 쉬고 있게 되는데, 이처럼 CPU가 쉬고 있는 시간을 이용하여 또 다른 작업을 실행할 수 있도록 하는 방법을 멀티태스킹이라 한다.

최근 음성 다중 TV 등을 이용, 한 프로그램에서 3가지 내용의 화면을 동시에 내보내 시청자들이 원하는 것을 선택해 볼 수 있게 하는 새로운 감각의 방송 형태도 멀티태스킹이라 부른다.

메이지 유신(Meiji restoration)

에도 막부를 붕괴시키고 천황 중심의 통일국가를 형성시킨 근대 일본의 정치·사회적 변혁. 에도 막부가 권력을 잡고 있던 19세기 후반, 막부에 반대하는 세력은 에도 막부를 무너뜨리고 왕정을 복고시켰다. 새 정부는 국력 강화의 필요성을 느끼고 신분제 폐지, 의무 교육 제도 확립, 상공업 육성 등의 개혁 정책을 추진하였는데, 이러한 일련의 개혁을 메이지 유신이라고 한다.

무궁화 위성

한국 최초의 상용 통신·방송 위성. 1995년 무궁화 1호 위성이 발사되었고 2006년 8월에는 무궁화 5호 위성을 쏘아 올리는 데 성공하였다. 불행의 숫자 4를 피하기 위하여 무궁화 위성 3호 다음은 5호로 명명하였다. 통신용 중계기가 탑재되어 있어 다양한 통신·방송 서비스를 제공하는 데 활용된다. 이로써 대한민국은 1992년 최초의 인공위성 우리별 1호를 발사한 지 15년 만에 세계 6대 위성 보유국 반열에 올라섰다.

무용지식(obsoledge)
토플러 박사가 만들어 낸 신조어로, '무용한(obsolete)'과 '지식(knowledge)'을 합한 말이다. 정보의 홍수 시대에 더 이상 쓸모없어져 버린 구식 정보나 거짓이 되어 버린 쓰레기 지식을 가리킨다. 워낙 빠른 발전 속도로 인해 지식의 유용성이 급격히 변화하기 때문에 무용지식도 빠르게 늘어 가고 있다.

무정부주의자(anarchist)
국가 권력과 정치 조직, 사회적 권위를 부정하는 사상을 가진 사람 또는 그런 사상을 펼치기 위해 활동하는 사람을 말한다. 이들은 개인의 자유를 최상의 가치로 내세우고 그것을 억압하는 모든 억압적인 권위를 부정한다.

무형자산(intangible assets)
저작권, 특허권, 상표권, 정보, 지식과 같이 구체적인 형태를 가지고 있지 않은 자산으로서 미래의 경제적 가치와 존속 기간이 다른 자산에 비해 불확실하다. 무형자산에는 영업권과 같은 사실상의 권리와 공업소유권(특허권, 실용신안권, 의장권, 상표권), 광업권, 어업권, 차지권 등의 법률상의 권리가 포함된다.

문화혁명(Cultural Revolution)
1966년부터 1976년까지 중국에서 일어난 극좌 사회주의 운동. 중국 공산당 주석 마오쩌둥은 혁명 정신을 재건하고 구습을 타파한다는 기치 아래 문화혁명을 주창하였다. 그리고 이를 실행하기 위해 도시 청년들을 대거 동원하여 홍위병이라는 집단을 조직했는데, 홍위병들은 급진적이고 과격한 방법으로 혁명을 주도하며 반대 세력을 없애고, 마오쩌둥을 신격화하는 등 많은 사회적 충돌을 일으켰다.
문화혁명 기간 동안 혁명 정신에 어긋난다는 이유로 많은 지식인이 숙청당했고, 문화재가 파괴되었으며, 사회적 갈등과 정치적 혼란이 야기되어 중국의 경제도 급속히 침체되었다.

물결 분쟁(wave conflict)
역사적으로 큰 변혁이 일어날 때마다 기존의 체제와 새로운 체제 간에 갈등과 충돌이 일어나는데, 토플러 박사는 이것을 물결 분쟁이라고 하였다.

뭄바이(Mumbai)
인도 마하라슈트라 주에 있는 인도 최대의 도시로, 국제 무역항과 국제 공항이 있다.

1995년 11월에 봄베이에서 뭄바이로 개칭되었다. 전통적으로 데칸 고원의 목화를 원료로 한 면직 공업이 발달했으며, 인도 영화 산업의 본고장이기도 하다.

뮤추얼 펀드(mutual fund)

증권 투자를 목적으로 하는 회사의 주식을 소유함으로써 투자가가 수익자인 동시에 주주가 되는 투자 신탁의 형태. 19세기 중엽 영국에서 처음 등장하여 1940년 이후 미국에서 투자 신탁의 주류로 급속히 성장하였다.

미국식품의약국(FDA, Food and Drug Administration)

미국 보건후생부 소속 정부 기관으로, 소비자 보호를 목적으로 한다. 의료 기구, 가정용 기구, 화학 약품, 화장품, 식품 첨가물, 식료품, 의약품 등에 대한 안전 기준을 마련하고, 검사·시험·승인 등의 업무를 처리한다.

미국항공우주국(NASA, National Aeronautics and Space Administration)

미국이 우주 연구 및 개발 계획을 추진하기 위해 1958년 설립한 정부 기관. 주된 임무는 우주의 기원·구조·진화 연구, 우주 왕복선을 이용한 과학적 측정과 관측, 기타 항공 우주 활동 및 정보의 홍보 등이다. 1969년 최초의 달 착륙을 실현한 아폴로 계획도 이곳에서 추진되었다. 그 뒤 무인 우주 계획을 통해 태양계 행성을 탐사하였고, 유인 우주선으로 지구 주위 궤도에서 과학 실험을 하는 스카이랩 계획을 실시하였다.

미래학(futurology)

철학, 사회학, 경제학, 기초 과학, 응용 과학 등의 학문을 통해 과거 또는 현재의 경향을 널리 통찰해서 앞으로의 사회상이 어떻게 될까를 연구하는 학문을 미래학이라 하고, 이를 연구하는 사람들을 미래학자라고 한다. 미래 예측 기법들은 과학과 기술 부분의 발달에 힘입어 꾸준히 발전되고 있으며 수학, 경제학, 환경 연구, 컴퓨터 과학 분야 등에서 이끌어 내는 미래학의 분석 기법들은 갈수록 정교해지고 있다. 널리 알려진 미래학자들로는 앨빈 토플러, 존 나이스빗, 피터 드러커, 새뮤얼 헌팅턴, 다니엘 벨 등이 있다.

민주주의(democracy)

모든 국민이 권력을 가지고 있으며 그 권력을 스스로 행사하는 정치 체제 또는 그런 정치를 지향하는 사상. 기본적 인권, 자유권, 평등권, 다수결의 원리, 법치주의를 기본 원리로 한다. 민주주의는 고대 그리스에서 비롯되었지만 오늘날과 같은 민주주의는 근대에 이르러 시작되었다. 군주의 전제 권력에 대항하여 시민들은 자유와 재산권, 참정권을 요구하며 시민 혁명을 전개하였고, 그 결과 민주주의가 확립될 수 있었다.

바이오 기술(biotechnology)
생명공학, 생물공학이라고도 한다. 모든 생명 현상의 구조를 과학적으로 해명하고 산업에 응용하기 위한 기술을 가리킨다. 유전자의 재조합, 세포 융합 같은 기술을 바탕으로 신품종 작물 개발, 의료 등 다양한 분야에 걸쳐 연구가 이루어지고 있다.

바이오매스(biomass)
에너지원 또는 화학 공업용으로 이용될 수 있는 식물이나 동물의 폐기물. 생물체를 역분해시키거나 발효시켜서 메탄 에탄올 수소와 같은 연료를 채취하는 방법이 연구되고 있다. 목재처럼 태워서 이용하는 것, 수액처럼 분해해 석유의 형태로 이용하는 것, 발효시켜 알코올화하여 이용하는 것이 있다.

바이오 산업(bioindustry)
바이오 기술을 산업화하는 새로운 분야. 생물들의 고유한 기능을 인위적으로 개량하여 유용한 생물을 대량으로 만들어 내는 산업을 일컫는 말이다. 의약품·화학·식품·섬유 등에서 연구가 활발히 진행되고 있으며 특히 의약품 제조 분야에서는 이미 당뇨병 특효약인 인슐린과 암 치료 등에 이용되는 인터페론의 양산이 실용화되었다. 농업 분야나 화학 공업 분야에서도 집중적으로 연구가 진행

되고 있어 머지않아 식량의 증산이나 화학합성 공정의 에너지 절약화 등이 실현될 것으로 기대된다.

바이오 플라스틱(bioplastic)
미생물의 체내에 있는 폴리에스테르를 합성해서 만든 물질. 보통 플라스틱은 분해가 되지 않아 공해 문제를 일으키지만 이 바이오 플라스틱은 세균에 의해 분해되는 생물 분해성이다. 또한 인체에 쉽게 융합하는 특징이 있어 수술용 실이나 골절 고정제 등으로도 사용된다.

반도체 칩(semiconductor chip)
반도체란 전기를 전달하는 성질이 도체와 부도체의 중간 정도인 물질이다. 평소에는 부도체의 성질을 가지고 있지만 인위적인 조작을 가하면 전기가 통하게 된다. 이 반도체로 구성된 집적 회로인 반도체 칩은 가전제품은 물론 첨단 통신 위성 등에 폭넓게 응용되고 있다. 우리나라에서는 1970년대에 정부 산하 연구소를 중심으로 반도체 기술 개발 체제가 구축되었고, 1980년대 초 민간 기업의 대규모 투자가 이루어지면서 반도체 칩이 수출 상품으로 자리 잡았다.

반세계화(antiglobalization)
세계 각국 간의 무역과 금융 시장의 통합 현상인 세계화에 반대하는 흐름을 말한다. 세

계화가 진행되면서 아직 경쟁력을 확보하지 못한 개발도상국들은 선진국과의 경쟁에서 점점 뒤처지고 가난한 나라는 더욱 가난해지는 불평등의 악순환과 문화적 갈등, 환경 파괴 등의 부작용을 낳았다. 이러한 세계화의 문제점들을 지적하고 이를 반대하는 반세계화 주장이 국제 정치에서 점차 대두되었다.

벵갈루루(Bengaluru)

인도 카르나타카 주의 주도. 인도과학연구소와 첨단 산업 분야의 연구 단지 및 글로벌 기업들이 이곳에 위치하고 있다. 첨단 IT산업의 중심지로 '인도의 실리콘밸리'라고 불린다. 식민 역사를 청산하기 위한 의지로 영국식 이름 방갈로르를 벵갈루루로 개칭하였다.

보이는 부(visible wealth)

인간의 욕망을 만족시키는 것 중에 돈, 음식, 자동차, 은행 통장 등 유형적인 부의 형태. 수치로 측정할 수 있는 화폐 경제가 '보이는 부'에 해당된다.

보이지 않는 부(invisible wealth)

건강, 가족 간의 유대감, 문화적 욕구, 지식 등 눈에 보이지 않는 무형적인 부의 형태. 돈이 오가시 않으며 수치로 측성되지 않는 비화폐 경제, 즉 프로슈머 경제가 '보이지 않는 부'에 해당된다.

보이콧(boycott)

영국 귀족의 영지 관리인인 찰스 보이콧의 이름에서 유래한 용어로 '불매 운동'이라는 뜻으로 사용된다. 찰스 보이콧은 소작료을 경감해 달라는 토지연맹의 요구를 거부하고 소작료가 밀린 소작인을 추방하려다가 오히려 전체 소작인들로부터 배척당하여 자신의 영지를 떠나게 되었다. 이후 부당한 행위에 저항하기 위해 집단적으로 벌이는 거부 운동을 가리켜 보이콧이라고 한다.

부채(liabilities)

일반 용어인 채무와 같은 뜻으로, 기업이 개인, 회사 또는 기업의 외부 조직에 대해 가진 금전, 재화 또는 용역을 제공할 의무를 말한다. 상환 또는 의무의 이행 시기가 언제인가에 따라 유동부채와 고정 부채로 나뉜다.

북대서양조약기구(NATO, North Atlantic Treaty Organization)

냉전 체제하에서 구소련을 중심으로 한 동구권의 위협에 대항하기 위해 서방 진영에서 조직된 집단 방위 기구. 1949년 미국 워싱턴에서 조인된 북대서양조약을 기초로 미국, 캐나다, 유럽 10개국 등 총 12개 나라가 참가하여 NATO를 발속시켰다. 이에 소련을 비롯한 유럽의 공산 국가들은 1955년에 바르샤바조약기구(WTO)를 만들어 대항하였다. 1980년대 말 소련의 개혁으로 냉전 체제가 붕괴되자 북대서양조약기구는 군사 동맹의 성격에서 벗어나 국제 안정을 도모하는 정치 기구로 변화를 시도하였다.

분단 국가(divided country)

전통적으로 하나의 국가였으나 전쟁이나 외세에 의해 분리되어 두 개의 정부에 의해 통치되는 국가를 말한다.

제2차 세계대전 후 전략적으로 중요한 위치에 있는 몇몇 나라가 미국과 소련의 대립 체제에 의해 양쪽으로 분단되어 별개의 정부를 구성하게 되었는데 이러한 분단 국가로는 남한과 북한, 지난날의 동독과 서독, 베트남과 베트민 등을 들 수 있다. 이 가운데 베트남과 베트민은 오랜 전쟁 끝에 1975년 베트남이 패망함으로써 분단 상태가 종결되었고, 1991년 베를린 장벽이 무너지고 마침내 독일도 통일이 됨으로써 한반도는 지구상 유일한 분단 국가로 남아 있다.

불황(depression)

생산이나 소비 등의 경제 활동이 쇠퇴하거나 침체되는 상태를 가리키는 말로, 불경기라고도 한다. 불황 상태에서는 투자의 감퇴, 소비의 감소, 실업자 증대, 임금·물가의 저하, 주가 하락 등의 현상이 나타난다.

블로그(blog)

관심사에 따라 자유롭게 글을 올리는 개인 웹사이트. 인터넷을 의미하는 웹(web)과 기록을 뜻하는 로그(log)의 합성어 weblog의 줄임말이다. 인터넷 홈페이지 제작과 관련된 지식 없이도 블로그 전문 사이트 계정이나 블로그 프로그램을 이용하여 쉽게 만들고 관리할 수 있다. 자신의 생각을 블로그를 통해 다른 사람들과 공유할 수 있는 일종의 '1인 미디어'라고 할 수 있다.

블루칼라(blue-collar)

생산직에 종사하는 노동자. 산업혁명 이후에는 제조업에 종사하는 노동자들이 사회 변화를 주도하였다. 이들은 공장에서 청색 옷을 입고 일을 했기 때문에 블루칼라라고 불렸다.

빈부 격차(gap between the haves and have-nots)

시장 경제에서는 개인의 능력차로 인해 빈부 격차가 발생하게 된다. 또 부가 세습되고 부의 재분배에 있어서 구조적인 문제 등으로 인해 빈부 격차가 더욱 심화되는 현상이 일어난다. 빈부 격차가 사회 문제로 대두되면서 복지 정책의 중요성이 더욱 커지고 있다.

빌 게이츠(Bill Gates)

1975년 하버드 대학을 중퇴하고 폴 앨런과 함께 마이크로소프트사를 공동 창업하였다. PC의 운영 체계인 윈도 시리즈를 출시하여 컴퓨터 업계에 돌풍을 일으켰다. 세계의 비즈니스 리더 가운데 선두 주자이며, 막대한 재산을 사회에 기부한 자선가로도 유명하다.

사스(SARS, Severe Acute Respiratory Syndrome)

중증 급성 호흡기 증후군이라고도 불리는 사스는 발열과 기침, 호흡 곤란, 폐렴 등의 증상을 보이는 전염병이다. 2002년 11월 홍콩에서 첫 환자가 발생하여 세계 여러 지역으로 확산되었다. 잠복 기간은 3~7일이고, 독감 증세로 시작해 기침, 호흡 곤란 같은 폐렴 증세로 발전하며 심한 경우 사망한다.

사이먼 앤드 가펑클 (Simon&Garfunkel)

1960~1970년대 전 세계적으로 유명했던 남성 듀엣. 폴 사이먼과 아트 가펑클, 두 사람의 성을 따서 팀명을 붙였다. 영화 〈졸업〉의 수록곡 〈Mrs. Robinson〉이 유명하고, 〈Sound of Silence〉, 〈Bridge Over Troubled Water〉, 〈Scarbrough Fair〉 등 많은 히트곡을 남겼다.

사이버 시장(cyber market)

인터넷상에서 원하는 상품을 구매할 수 있는 시장을 말한다. 시간을 절약하고 집 안에서 편리하게 상품을 받아 볼 수 있다는 장점이 있지만, 상품의 질을 직접 확인할 수 없다는 점은 소비자의 피해로 이어지기도 한다.

사회적 발명가(social inventor)

사회의 다양한 분야에서 창조적인 발상으로 긍정적인 변화를 이끌어 내는 사람을 말한다. 과학 분야에서 새로운 발명을 한 사람, 즉 전구를 발명한 에디슨, 전화를 발명한 벨을 기술 발명가(technical inventor)라 한다면 그라민 은행을 만든 유누스는 사회적 발명가라 할 수 있다.

산성비(acid rain)

고농도의 황산과 질산 따위의 산성을 강하게 포함하는 비. 석탄이나 석유 같은 화석 연료를 태우는 발전소에서 방출되는 황산화물, 자동차에서 배출되는 질소산화물은 구름 속에 있는 수증기와 결합하여 황산과 질산을 형성하는데 이것이 강산성을 띠는 산성비의 원인이 된다. 산성비는 건축물을 부식시키고 인체에 각종 질환을 일으키며, 토양과 하천을 오염시켜 생태계에 악영향을 미친다.

산업혁명(Industrial Revolution)

농업과 수공업 위주의 경제에서 기계를 사용하는 제조업 위주의 경제로 변화한 새로운 부 창출 시스템. 18세기에 영국에서 시작된 산업혁명은 19세기 이후에 유럽의 전 지역으로 확산되었다. 증기 기관의 발달 등 새로운 기술 혁신으로 인해 공업이 비약적으로 발전하였으며, 인구의 도시 집중화 현상, 자본주의의 심화 등 사회 구조에도 큰 변화를 가져왔다.

상장 기업(listed enterprise)
상장이란 주식회사가 발행한 주식 또는 채권이 공개매매 시장인 증권거래소에서 사고 팔릴 수 있도록 그 자격을 부여한다는 뜻이다. 상장 기업이란 증권거래소로부터 이러한 자격을 부여받은 주식회사를 가리킨다.

상표권(trademark right)
지정 상품에 대하여 그 등록 상표를 독점적으로 사용할 수 있는 권리. 공업 소유권의 하나로 상표를 특허청에 등록함으로써 발생한다.

상형문자(hieroglyph)
그림문자에서 발전하여 좀 더 형상화된 문자. 초기의 한자, 고대 이집트 문자, 수메르 문자 등이 이에 속한다.

생명공학(biotechnology)
→ 바이오 기술.

생산(production)
살아가는 데 필요한 재화와 서비스를 창출하는 행위. 생산은 분배, 소비와 함께 경제 활동에서 반드시 필요한 요소이다.

석유(oil)
1859년 미국의 드레이크가 세계 최초의 유정을 발굴한 이래 석유는 세계 각국의 가장 중요한 에너지 자원이 되었다. 에너지 자원이 경제의 흐름을 주도하기 시작하면서 석유를 많이 보유한 주요 산유국들은 국제 사회에서 큰 영향력을 행사하고 있다. 석유는 약 3억 년이라는 오랜 세월에 걸쳐 생성되지만 한번 쓰고 나면 영원히 사라지며 다시는 재생할 수 없다. 인류가 지금처럼 자원을 소비할 경우 약 40년 후면 석유는 고갈될 것으로 예상된다.

세계대전(World War)
20세기에 발생한 두 차례에 걸친 세계대전으로 인해 유럽을 비롯한 세계는 막대한 피해를 입었다. 인명 피해와 국토의 파괴는 물론 수많은 해외 식민지를 잃게 된 유럽의 국가들은 경제적으로도 큰 타격을 입게 되었고, 이로써 경제의 중심이 미국으로 이동하는 결과를 낳았다. 제2차 세계대전이 끝난 후 미국과 소련이 양극 체제로 대립하면서 냉전 시대가 시작되었다.

세계무역기구(WTO, World Trade Organization)
세계 무역의 질서를 세우고 무역 협상의 이행을 감시하기 위해 1995년 1월에 정식 출범한 국제 기구. 무한 경쟁에 돌입한 새로운 국제 무역 환경에서 국가간 경제 분쟁이나 마찰을 조정해 왔다. 조직에는 총회, 각료회의, 무역위원회, 사무국 및 분쟁해결기구와 무역정책검토기구 등이 있다.

세계은행(IBRD, International Bank for Reconstruction and Development)

정식 명칭은 국제부흥개발은행이다. 국제연합의 산하 기구로서 원래는 제2차 세계대전 후 피해 복구를 위해 1946년에 발족하였다. 회원국의 경제 발전과 개발 촉진이 주 목적이며, 주로 개발도상국의 공업화를 위해 금융 지원 및 기술 지원을 하고 있다. 지역별로 중남미 지역이 가장 큰 수혜를 받고 있다.

세계화(globalization)

교통과 통신 등 과학 기술의 발달로 국경의 의미가 사라지고, 재화·서비스·자본·노동 및 아이디어 등이 국제적으로 자유롭게 이동하여 세계가 거대한 하나의 시장으로 통합되어 나가는 추세를 가리킨다. 신항로가 개척되어 대항해 시대가 열린 이래로 시작된 세계화 현상은 교통과 통신이 발달하고 시장 경제가 세계적으로 확산되면서 더욱 심화되고 있으며, 정치·경제·사회·문화 각 분야에서 엄청난 변화를 가져오고 있다.

센서 기술(sensor technology)

센서란 여러 종류의 물리량을 감지하고 계측하는 기능을 갖춘 감지기를 말하고, 센서를 이용한 다양한 분야의 연구를 센서 기술이라고 한다. 센서 기술은 인간의 오감으로 감지할 수 있는 정보뿐만 아니라 오감을 뛰어넘는 기타 자세한 정보를 감지하는 첨단 센서로 점차 발전하고 있다.

소니(Sony Corporation)

1946년 창립한 일본의 전자기기 회사. 1958년 소니라는 상호로 변경하였다. 세계 최초의 트랜지스터 TV, 세계적인 히트 상품인 소형 오디오테이프 플레이어 워크맨, 비디오게임기 플레이스테이션 등이 유명하다. 일찍부터 해외 시장 개척에 적극적으로 뛰어들어 세계적 브랜드로 인지도를 굳혔다.

소련(Soviet Union)

소비에트 사회주의 연방 공화국의 줄임말. 러시아를 비롯하여 우크라이나, 카자흐스탄, 아르메니아, 벨로루시 등이 속해 있었다. 제2차 세계대전 후 소련은 미국과 냉전 관계로 대립하고 있었는데, 1991년 소련이 해체되면서 여러 개의 공화국으로 독립하였다.

소액 투자자(small investor)

비교적 적은 금액을 가지고 증권을 매매하는

투자자. 주식 시장에서 소액 투자자들의 무리를 흔히 '개미군단'이라고 부른다.

소작농(tenant farmer)

일정한 소작료를 지급하며 다른 사람의 농지를 빌려서 경작하는 농민. 중세의 소작농을 농노라고도 하는데 이들은 이동의 자유가 없이 영주와 토지에 얽매여 살았다.

소프트웨어(software)

컴퓨터 시스템을 작동시키는 모든 수법 및 기술 등을 총칭하는 말. 컴퓨터 시스템을 구성하는 실제적이고 물리적인 기계인 하드웨어에 대응되는 말이다. 컴퓨터를 관리하는 시스템 프로그램과 문제 해결에 이용되는 다양한 형태의 응용 프로그램으로 나눈다. 최근에는 이를 넓은 의미로 해석, 물건에 대한 이용 방법 또는 사고 방식까지를 소프트웨어라고 말하기도 한다.

수요(demand)

재화나 서비스에 대한 욕구를 수요라고 하고, 구매 욕구를 가진 사람을 수요자, 구매하려는 양을 수요량이라고 한다. 좀 더 세분화하면, 구매력이 뒷받침되는 실제적인 수요인 유효 수요, 구매력의 뒷받침 없이 욕구만 있는 잠재 수요로 나누어 볼 수 있다.

스너피(Snuppy)

서울대학교 황우석·이병천 연구팀이 체세포 복제를 통해 탄생시킨 세계 최초의 복제 개. 태어난 지 100일 만인 2005년 8월 3일 처음으로 전 세계에 공개되었다. 스너피 복제 기술은 멸종 동물의 복원이나 인간의 질병 치유의 실마리를 제공했다는 점에서 획기적인 연구로 평가받고 있다. 스너피라는 이름은 서울대학교의 영문명의 머리글자와 강아지를 뜻하는 퍼피(puppy)의 뒷글자를 조합한 것이다.

스마트 더스트(smart dust)

먼지 크기의 매우 작은 센서들을 건물, 도로, 의복, 인체 같은 물리적 공간에 뿌려서 주위의 온도, 습도, 압력 등의 통합적인 정보를 무선 네트워크로 감지하고 관리하는 장치를 말한다. 스마트 더스트라는 용어는 1997년 UC 버클리에서 소형 감지기 개발 프로젝트를 이끌었던 크리스 피스터에 의해 처음 사용되었다. 스마트 더스트 기술은 우리 생활 곳곳에 쉽게 적용 가능하고 응용 분야가 방대하여 향후 전 세계를 휩쓸 신기술로 평가받고 있다.

스필오버 효과(spill-over effect)

어떤 요소의 생산 활동이 그 요소의 생산성 또는 다른 요소의 생산성을 증가시키고 서로 상승 작용을 일으켜 경제 전체의 생산성을 올리는 효과.

스타트렉(Star Trek)

미국의 대표적인 공상과학 드라마 시리즈.
1966년 NBC 방송에서 처음 방영되었고,
TV 시리즈는 나중에 영화로도 제작되었다.
23세기를 배경으로 우주함선 엔터프라이즈
호의 모험을 그린 작품이다. 미국뿐만 아니
라 전 세계적으로 두터운 열성팬 층이 형성
되었고, 〈스타워즈〉의 모태가 된 작품이기도
하다.

슬로푸드(slow food)

패스트푸드(fast food)의 반대말. 미국 패
스트푸드의 대명사인 맥도날드가 이탈리아
에 진출하자, 맛을 표준화하는패스트푸드에
대항하고, 전통 음식을 보호·발전시키기 위
해 1986년 시작된 운동이다. 이 운동은 단순
히 패스트푸드에 반대하는 것만이 아니라 현
대 음식 문화의 문제점을 해결하는 방안을 제
시하며, 즐겁고 건강한 식생활의 권리, 미각
의 즐거움, 전통 음식의 보존 등을 추구한다.

CD(compact disc)

컴퓨터 데이터 저장 장치. 1980년대 중반
부터 사용이 보편화되었으며, 기술의 발달
로 저장 용량이 점점 늘어나고 있다. 또는
1970년대 말 등장한, 기존의 레코드와 테이
프보다 깨끗한 음질을 재생하는 오디오 매체
를 CD라고 한다.

시뮬레이션(simulation)

복잡한 문제나 사회 현상 따위를 해석하고
해결하기 위하여 실제와 비슷한 모형을 만
들어 모의적으로 실험하여 그 특성을 파악
하는 일. 시뮬레이션이 이용되는 분야로는
자동차의 생산, 비행 훈련 등을 들 수 있다.

시민 단체(NGO,
Non Governmental Organization)

비정부기구, 또는 비정부단체라고도 한다.
민주주의의 발달과 시민들의 공동체 의식의
성장에 따라 자발적으로 생겨난 집단으로,
정부 기관이나 관련 단체가 아닌 순수한 민
간 조직을 모두 가리키는 말이다. 시민 단체
는 정부에 대한 견제는 물론 문제가 있는 기
업이나 여러 가지 사회 문제들에 대한 비판
과 함께 해결책 등을 제시한다. 이익 집단과
는 달리 공동체의 이념을 실천하기 위해 노
력하고 사회 정의의 실현을 목적으로 한다.
이처럼 민주 사회의 발전에 중요한 역할을
하는 시민 단체들도 여러 가지 한계와 문제
에 직면해 있다.

CBS
(Columbia Broadcasting System)

미국의 대표적인 방송 회사. 1927년 각 방
송국에 라디오 프로그램을 제공할 목적으로

출발하여 1951년 세계 최초로 컬러 텔레비전 상업 방송을 시작하였다. 뉴스와 시사 프로그램의 인지도가 높은 편이며, 방송 외에 출판과 음반 등 다양한 사업 분야에 진출해 있다.

시장(market)

수요자와 공급자가 만나 거래가 이루어지는 곳. 전에는 눈에 보이는 공간만을 의미하는 것이었으나 정보 사회에서는 인터넷 쇼핑몰도 시장이라 할 수 있다. 정보 통신의 발달과 세계화로 인해 이제는 세계가 하나의 시장을 형성하고 있으며 도처에서 세계적인 차원의 거래가 이루어지고 있다.

시장 경제(market economy)

국가가 경제 활동을 계획하고 통제하는 대신 개인이 소유하는 기업들이 이익을 내기 위해 자율적으로 경제 활동을 하는 체제.

식민지 전쟁

17~18세기에 유럽의 여러 나라는 자원 확보와 시장 개척을 위해 해외로 눈을 돌렸고, 아시아와 아메리카의 식민지를 차지하기 위해 여러 차례 전쟁을 벌였다. 해상 무역을 장악하고 있던 네덜란드는 두 차례에 걸친 영국과의 전쟁에서 패하면서 쇠퇴하였고, 영국과 프랑스 양국이 강력한 경쟁자로 떠올랐다. 영국과 프랑스의 오랜 식민지 쟁탈전은 1763년 파리조약의 체결로 종지부를 찍었으며, 승리자인 영국은 북아메리카와 인도에서 절대적인 우위를 점하게 되었다.

신용 카드(credit card)

소비자 신용의 일종으로, 고객이 상품이나 서비스를 먼저 받고, 대금 지급은 은행이 보증하여 일정 기간 뒤에 할 수 있도록 하는 카드. 신용 거래를 할 때 신용 카드로 고객의 신분과 계좌를 확인할 수 있다.

실리콘밸리(Silicon Valley)

미국 캘리포니아 주 샌프란시스코 남동부에 위치한 첨단 기술 산업 단지. 반도체 재료인 실리콘(silicon), 단지가 위치한 곳의 지형적 특성인 계곡(valley)의 조합어이다. 세계 유수의 반도체 및 컴퓨터 관련 기업 등이 밀집해 있고, 첨단 기술 혁신을 주도하는 중심지이다.

심층 기반(deep fundamental)

앨빈 토플러 박사가 미래에 부의 창출을 좌우할 3가지 핵심 요소라고 주장하는 것들. 즉 시간, 공간, 지식을 말한다.

일반적으로 경제에서 말하는 기반, 즉 펀더멘털(fundamental)보다 더 근본적인 바탕이 된다는 의미에서 심층(deep)이라는 말을 붙였다.

쓰나미(つなみ)

주로 해저 지진에 의해 발생하는 갑작스러운 해일. 쓰나미(tsunami)는 일본어로 '지진이 몰고 온 해일'을 뜻하는데, 일본식 영어이지만 전 세계적으로 널리 쓰이고 있다. 해안 근처의 얕은 곳에서 파고가 급격히 높아지고 특히 좁은 만의 깊숙한 곳에 큰 피해를 준다. 2004년 12월 동남아시아를 강타한 사상 최악의 쓰나미로 인해 인도네시아에서만 22만 명의 사망자와 50만 명의 이재민이 발생하였다.

아리랑 2호

한반도 정밀 관측을 위한 다목적 실용 위성. 80퍼센트 이상 국내 기술로 개발된 아리랑 2호는 2006년 7월 28일 러시아 플레세츠크 발사 기지에서 성공적으로 발사되었다. 지상 685킬로미터의 궤도를 돌며 지상에서 움직이는 자동차까지 정밀 식별할 수 있으며, 지도 제작, 환경 및 자연 재해 감시, 자원 탐사, 국토 관측 등의 다양한 분야에서 활용된다.

아리스토텔레스(Aristoteles)

고대 그리스의 철학자. 철학뿐만 아니라 물리학, 화학, 생물학, 정치학, 역사, 문예이론에 이르기까지 매우 다양한 분야를 연구하였으며, 그의 사상은 서양 세계관의 근간을 이루었다.

아마존닷컴(amazon.com)

월스트리트의 펀드 매니저였던 제프 베조스가 1994년 설립한 세계 최초의 인터넷 서점. 인터넷 서점 돌풍을 일으키며 급성장하여 세계 최대의 인터넷 서점이자 종합 쇼핑몰로 자리 잡았다. 광범위한 데이터베이스, 소비자의 편의성을 우선으로 한 기술 전략과 혁신적인 시스템 구축이 성공의 요인으로 평가받고 있다.

IBM(International Business Machines Corporation)

전 세계 컴퓨터 시장을 선도하고 있는 미국의 컴퓨터·정보기기 제조 업체. 본사는 뉴욕 주 아먼크에 있으며 전 세계 164개 나라에 진출해 있는 다국적 기업이다. 미국 내에서 가장 많은 특허를 가지고 있는 기업 가운데 하나이며, 총수입의 10퍼센트 이상을 연구비로 재투자하는 것으로도 유명하다.

아이젠하워 (Dwight David Eisenhower)

미국의 제34대 대통령. 1890년 미국 텍사스 주에서 태어나 육군사관학교를 졸업하고 임관하여 제2차 세계대전 중 고속 승진을 거듭하였다. 1943년 연합군의 총사령관으로 임명된 아이젠하워는 노르망디 상륙 작전을 구상하여 성공적으로 수행하였고, 제2차 세계대전을 연합군의 승리로 이끌었다.

1952년에 미국 대통령으로 당선되어 재선을 포함하여 8년 동안 대통령직을 수행하였다.

IT(Information Technology)

정보기술. 정보화 시스템 구축에 필요한 유형·무형의 모든 기술과 수단을 아우르는 정보통신 용어이다. 조선·철강·자동차·섬유 등 기존의 제조업이 직접적인 유형 가치를 창출하는 데 중점을 두는 반면, 정보기술은 컴퓨터·소프트웨어·인터넷·멀티미디어·경영 혁신·행정 혁신 등 정보화 수단에 필요한 유형·무형의 기술을 아우르는 새로운 개념의 기술이다.

알 카에다(Al-Qaeda)

1979년 소련이 이슬람 국가인 아프가니스탄을 침공했을 때 아랍 의용군으로 참전한 오사마 빈 라덴이 조직한 국제 테러 단체. 1991년 걸프 전쟁이 일어나면서 반미 세력으로 전환, 빈 라덴의 막대한 자금과 조직적인 군사력을 바탕으로 세계 곳곳에서 많은 테러를 자행했다. 2001년 미국에서 발생한 9·11 테러의 배후 세력으로 지목되면서 세상에 널리 알려졌다.

야후(yahoo)

1994년 4월 미국 스탠퍼드 대학교의 제리 양과 데이비드 파일로가 개발한 다국적 검색 엔진. 야후는 《걸리버 여행기》에 나오는 종족의 이름이다. 전 세계의 웹서버가 분야별로 메뉴화되어 있어 원하는 정보를 검색하는 데 편리하며, 각 나라별로 해당 언어에 맞는 검색 엔진을 제공한다.

에어로졸(aerosol)

대기 중에 떠다니는 고체 또는 액체의 미립자. 대기 오염 물질로 태양의 복사열을 흡수하며 기상 현상에서 중요한 역할을 한다.

에이즈(AIDS, Acquired Immune Deficiency Syndrome)

흔히 에이즈라 일컫는 후천성 면역 결핍 증후군은 면역 기능을 약화시키는 바이러스를 통한 치명적인 전염병이다.

엘니뇨 현상(El Nino)

스페인어로 '남자 아이' 또는 '아기 예수'라는 뜻을 가진 엘니뇨는 원래 19세기에 페루 북부의 어부들이 해마다 크리스마스 때 적도 부근에서 남쪽으로 내려오는 따뜻한 바닷물을 지칭하던 말이었다. 그 후 과학자들은 2~7년의 불규칙적인 주기로 해류에 이상 난류가 유입되어, 어획고가 급변하고, 해안에 큰 홍수가 일어나는 등 이례적인 현상이 지속되고 있음을 발견하고, 이를 엘니뇨 현상이라고 이름 붙였다. 엘니뇨 현상은 발생 지역의 어업과 농업에 피해를 주고, 태평양의 적도 지방과 아시아, 북아메리카에 이르는 광범위한 지역에 기상 이상 현상을 일으키기도 한다. 이와 반대로 적도 주변의 해수면 온도가 섭씨 4~5도 떨어지는 현상을 '라니냐'라고 한다.

연계 무역
수출을 조건으로 수입을 허용하는 무역 거래. 대응 무역 또는 조건부 무역이라고도 한다. 거래 당사국 간의 수출입의 균형을 유지하거나 통상 협력의 수단으로 이용된다.

연쇄 효과(chain reaction)
어떤 한 산업의 발전이 다른 산업의 발전에도 영향을 미치는 경제적인 효과.

오존(ozone)
3원자의 산소로 된 푸른빛의 기체. 대기권에 존재하는 자연 상태의 오존은 자외선을 막아 주고, 살균과 탈취 등 유익한 작용을 하나, 자동차의 매연 등에 의해 발생하는 오존은 자극성이 강해 인체에 유해하다.

워런 버핏(Warren Buffett)
금세기 최고의 주식 투자가. 1930년 미국 네브라스카 주 오마하에서 태어나 콜럼비아 경영 대학원에서 석사 학위를 받았다. 1956년 100달러로 처음 투자를 시작하여 증권 투자로만 억만장자가 되었다.

월드와이드웹
(WWW, World Wide Web)
인터넷 망에서 정보를 쉽게 찾을 수 있도록 고안된 연결 서비스로 보통 줄여서 웹(web)이라고 한다. 1991년 유럽입자물리학연구소의 연구원이었던 팀 버너스 리에 의해 개발되었다. 이 방식은 기존 메뉴 방식에 비해 획기적으로 편리할 뿐 아니라 버너스 리 박사가 특허권을 출원하지 않고 아이디어를 공개함으로써 전 세계에 급속도로 확산되었다. 웹은 문자 위주의 다른 인터넷상의 서비스와는 달리 문자·영상·음향·비디오 정보를 한꺼번에 제공하는 멀티미디어 서비스이다. 인터넷을 통해 웹에 들어가 웹 정보를 검색해 주는 프로그램을 '웹브라우저'라고 하고, 웹 서비스를 제공하는 기관이나 장소를 '웹사이트', 웹서비스를 제공하는 호스트 컴퓨터를 '웹 서버'라고 한다. 정보를 마치 거미줄과 같은 통신망으로 세계 각지에 연결시켜 준다하여 웹이라 부른다.

월스트리트(Wall Street)
뉴욕 맨해튼에 위치한 세계 금융 시장의 중심지. 뉴욕증권거래소, 세계적인 은행의 본점 및 각종 금융 기관이 집중되어 있는 곳으로, 세계 자본주의 경제의 총본산이라고 할 수 있다.

위성항법장치(GPS, Global Positioning System)

인공위성에서 발사되는 전파를 수신해 현재의 위치를 알아내는 위치측정시스템. GPS의 원리는 위성에서 지상으로 보내지는 전파 도달 시간 차를 비교하는 것으로, 3개 위성에서 신호를 받으면 위치를 알 수 있고, 4개 이상의 위성을 이용하면 고도까지 파악할 수 있다.

원래는 미국이 발사한 24개의 인공위성이 24시간 동안 지상으로 전파를 내려보내 경도, 위도, 해발 등을 파악하는 용도의 군사적인 목적으로 개발하였다. 이 시스템은 비행기, 선박, 자동차 등의 위치를 정확히 알 수 있는 것은 물론 토목 공사의 측량, 지도 제작 등 광범위한 분야에 응용되고 있다. 또 GPS 수신기는 개인 휴대용에서부터 위성 탑재용까지 다양하게 개발되고 있다.

윈도(Windows)

미국 마이크로소프트사가 발표한 컴퓨터 운영 체계. 컴퓨터 조작 화면을 윈도라는 복수의 영역으로 분할하여 각각 독립된 프로그램을 처리할 수 있다.

윈도 비스타(Windows Vista)

마이크로소프트사의 새로운 컴퓨터 운영 체제로 윈도 XP의 다음 버전이다. 좀 더 안전하고 폭넓은 호환성, 향상된 검색 기능을 제공한다. 최신 엔터테인먼트를 즐기면서도 가정에서는 물론 이동 중에도 네트워크에 연계되도록 한 것이 특징이다.

유럽연합(EU, European Union)

유럽의 정치적·경제적인 통합을 실현하기 위하여 출범한 연합 기구. 1993년 11월 1일 발효된 마스트리히트 조약에 따라 유럽 12개국의 참가로 탄생하였다. 회원국 간에 관세 장벽을 없애고, 유로를 단일 화폐로 사용함으로써 경제적 실익을 적극적으로 추구하였다. 2007년 현재 회원국이 27개로 늘어나 개별 국가로서는 상상할 수 없는 국제적인 힘을 갖게 되었다.

유로(EURO)

유럽연합(EU)의 단일 통화의 이름이다. 유럽의 역사적인 통합이 시작된 1999년부터 2년간의 과도기를 거쳐 2002년부터 통용되었다. 유로의 제작과 발행은 각국이 독자적으로 맡고 있다.

유비쿼터스(ubiquitous)

언제 어디서나 어떤 기기로든 자유롭게 통신망에 접속할 수 있는 정보통신 환경을 말한다. 예를 들면 자동차 안에서 가정에 있는 전자 기기를 켜고 끄거나 사무실에서 해외 공장에 있는 기계를 조작하는 등 여러 가지 기기나 사물에 컴퓨터를 집어 넣어 사용자와의 커뮤니케이션을 가능하게 해 주는 것이다. 미국 제록스 사의 마크 와이저라는 사람이 처음 사용한 개념으로, 유비쿼터스는 '언제 어디서나 존재한다'는 뜻의 라틴어이다.

유전자 변형 식품(GMO, Genetically Modified Organism)

수확량 증대와 품종 개량 등을 목적으로 특정 생물로부터 유용한 유전자를 취해 이를 기존의 작물에 도입하여 그와 유사한 유전자 기능을 발휘하도록 조작된 농산물 및 그것을 원료로 한 식품을 가리킨다. 현재 옥수수, 감자 같은 각종 농산물 재배와 가축의 품종 개량 등 다양한 분야에서 응용되고 있다. 유전자 변형을 통해 개량한 작물은 질병과 기생충에 강하고 수확량이 많아 지구의 식량난 해소에 기여할 수 있다는 장점이 있지만, 생태계 교란을 일으킬 수 있고 인체에 무해한지 분명히 검증된 바가 없어 여전히 위험 요소를 가지고 있다.

유형자산(tangible assets)

물리적 형태가 있는 자산으로, 현금, 건물, 토지, 기계 장치 등이 포함된다.

이베이(ebay)

개인 회원이 골동품부터 가구, 전자 제품에 이르기까지 온갖 종류의 물건을 올려 사고팔 수 있게 하는 인터넷 상의 중고 경매 시장으로, 전 세계 3,500만 명 이상의 회원이 가입해 있다. 현재는 일반 신제품까지도 판매되고 있다. 1995년 피에르 오미디아르가 창업한 이베이는 1998년 마가렛 휘트먼을 경영진으로 영입하여 초고속 성장을 이루어 냄으로써 벤처 신화의 대명사가 되었다.

익명성(anonymity)

개인의 이름이나 신분이 노출되지 않는 상태 또는 그러한 특성을 의미한다. 도시화가 고도로 진행된 현대 사회에서 대중들은 자신이 속해 있는 집단을 벗어나면 불특정 다수의 일원이 된다. 이렇게 개인의 연령, 지위, 신분 및 신체적, 심리적, 사회적 정체가 노출되지 않는 익명성을 통해 개인은 보다 자유로움을 느끼는 긍정적 경험을 할 수 있는 한편, 책임감 감소에 따른 일탈 행동을 하기도 한다. 인터넷에 실리는 악의적이고 무책임한 댓글이 바로 익명성 때문에 나타나는 일탈 행동의 예이다.

인간 복제(human cloning)

인간의 체세포를 떼어 내어 이를 착상시키는 방법으로 한 인간과 유전 형질이 동일한 다른 인간을 인위적으로 만드는 것. 불치병 치료에 이용될 수 있다는 등의 긍정적인 효과를 기대한다 하더라도 인간을 수단으로 이용하는 것에 대한 윤리적 논쟁이 분분하며, 인

간의 존엄성 상실을 우려하는 반대의 목소리
가 높다.

인습적 사고
인습이란 이전부터 내려오는 관습 가운데 현
대의 합리적인 관점으로 보아 가치가 없거나
부정적이라고 여겨지는 것이다. 이러한 인습
을 바탕으로 생각하고 판단하는 것을 인습적
사고라고 한다.

인터넷(internet)
국제 컴퓨터 통신망. 원래 미국 국방부가 군
납 업체와 연구 기관의 정보를 공유하기 위
해 구축했던 알파넷이라는 통신망에서 시작
된 인터넷은 발전을 거듭하여 연구 분야는
물론 광고, 정치, 예술, 교육 등 모든 분야를
망라하는 세계 최대의 정보 통신망이다.

인프라(infra)
기반 시설(infrastructure)의 준말로, 사
회적 생산 기반, 경제 활동의 기반을 형성하
는 기초적인 시설과 제도를 의미한다. 도로,
교량, 항만, 전기, 통신, 에너지 시설 등과 같
은 경제 활동과 밀접한 사회자본뿐 아니라 교
육·문화 시설, 의료·복지 시설 등도 포함한다.

인플레이션(Inflation)
화폐 가치가 하락하여 물가가 전반적·지속
적으로 상승하는 현상을 말한다.

잉여 생산물(surplus production)
생산력의 발달로 생존에 필요한 양 이상으
로 생산한 생산물을 말한다. 역사적으로 잉
여 생산물이 증가하면서 가진 자와 못 가진
자가 구분되고 인간 사회에 계급이 생겨나게
되었다.

잉여 복잡성(surplus complexity)
초복잡성(super complexity)이라고도
한다. 지식 경제의 생산품들에서 발견되는 특
징으로, 단일 생산품에 필요 이상의 과도한
기능을 넣어 복잡하게 만드는 것을 말한다.

자본(capital)
상품을 생산하는 데 필요한 자산. 기계, 공
장, 원료 등이 이에 해당한다. 토지, 노동과
함께 생산 3요소의 하나이다.

자본주의(capitalism)
생산 수단을 자본으로서 소유한 자본가가 자
본을 이용하여 생산 활동을 하면서 이윤을
추구하도록 보장하는 경제체제. 자본주의는
사회주의적인 계획 경제에 반대하여 사유재
산 제도에 바탕을 둔 자유주의 경제라는 뜻
으로 쓰이기도 한다. 공산주의가 패망한 이
후에 자본주의는 더욱 유력한 경제체제가 되
었으나, 빈부 격차와 독과점 등 여러 가지 문
제 또한 안고 있다.

자산(assets)

개인이나 법인이 소유하고 있는 유형, 무형의 재산. 개인과 기업이 가지고 있는 현금, 상품, 토지 등의 각종 재산과 채권, 대여금, 미수금 등의 채권 및 무형의 권리 등을 포함한다.

재택 근무(homeworking)

정보 통신망을 이용하여 회사로 출퇴근을 하지 않고, 집에서 업무를 처리하는 환경. 정보를 생산하고 관리하는 일에 종사하는 사람이 늘고, 시간과 공간의 제약이 차츰 줄어들면서 재택 근무는 앞으로 더욱 확산될 것으로 보인다.

저작권(copyright)

문학·학술·예술 분야의 저작물 및 컴퓨터 프로그램 등에 속하는 창작물에 대하여 저작자가 소유하는 일체의 권리. 즉 복제에 의한 저작권자의 저작물 판매나 배포를 하지 못하도록 하는 권리이다. 국가 간의 교류가 활발해짐에 따라 저작권을 국제적으로 보호하기 위한 국제조약이 생겨났는데, 우리나라는 1986년에 세계저작권협약에 가입하였다.

전자 상거래(e-commerce)

인터넷 웹사이드싱에 민들어진 가싱의 가게에서 상품과 서비스를 사고파는 상거래 형태. 즉 인터넷 등 네트워크를 통해 일어나는 모든 거래 행위라고 할 수 있다. 인터넷 망의 확산과 함께 일반화되었고, 전자 상거래의 증가는 운송 서비스 산업의 발달에 영향을 주었다. 전자 상거래를 이용하면 시간과 비용을 단축할 수 있어 경제적 효과가 크다.

전자 정보화 가정

토플러 박사가 1980년에 발표한 《제3물결》에서 처음 사용한 용어로, 그는 이 책에서 통신의 발달과 인터넷의 대중화로 인하여 정보화의 물결이 일반 가정에까지 영향을 미칠 것이라고 예견한 바 있다. 예상은 적중하여 이제 집 안에서도 언제든지 편리하게 정보에 접근하고 활용할 수 있는 시대가 되었다.

절대 빈곤(absolute poverty)

살아가는 데 필요한 의식주 및 교육, 복지, 위생 등의 필수적인 서비스가 결핍되어 인간다운 생존이 위협받는 상태. 절대 빈곤층을 나누는 기준은 1인당 연평균 소득 365달러 이하인데, 아시아와 아프리카 지역에 빈곤층이 집중되어 있다. 산업화가 진행되면서 물질적인 부는 크게 늘어났지만 부의 분배는 고르게 이루어지지 않았고, 이로 인해 빈곤 문제가 발생하였다.

제3의 직업

토플러 박사는 돈을 받고 일하는 것을 제1의 직업, 가사 노동이나 봉사 활동 같이 돈을 받지 않고 일하는 것을 제2의 직업, 무인 발권기 등의 기계를 이용하는 것처럼 직원의 도움 없이 소비자가 스스로 처리하는 일을 제3의 직업이라고 정의하였다.

제나(Xena)

미국 캘리포니아 공대의 마이클 브라운 교수가 발견한 왜소행성. 지름 2,400킬로미터로 명왕성보다 크다. 2006년 8월 국제천문연맹의 결정에 따라 명왕성, 케레스, 카론과 함께 왜소행성으로 분류되었다.

제너럴 일렉트릭
(General Electric Company)

미국의 전기 기기 제조 회사. 발명가 토머스 에디슨이 자신의 발명품인 백열등과 그밖의 제품을 판매하기 위해 1878년에 설립한 에디슨일렉트릭라이트가 모체이다. 다양한 가전제품뿐만 아니라 제트 엔진, 산업용 부품, 공업용 발전 설비 등도 생산하고 있다.

종신 고용제

종업원에게 정년까지 장기 고용을 보증하는 제도. 종업원이 안정적으로 업무에 집중할 수 있고, 기업에 대한 소속감과 충성도를 높여 노사 관계 안정화에 기여한다. 하지만 정체된 분위기로 인해 능률이 저하되고, 불필요한 종업원의 해고가 어려운 단점이 있다.

주식(stock)

주식회사의 자본을 구성하는 단위이자 주주의 권리. 소유하는 주식의 수에 비례하여 주주의 권리가 정해진다.

주주(stockholder)

주식을 소유하고 회사의 최고의사결정 기관인 주주 총회를 구성하는 개인 및 법인. 회사의 경영에 직·간접적으로 권한을 행사할 수 있다.

지구 온난화(global warming)

지구 표면의 평균 온도가 상승하는 현상. 땅이나 물에 있는 생태계가 변화하거나 해수면이 올라가서 해안선이 달라지는 등 기온 상승에 따라 발생하는 문제를 포함하기도 한다. 이러한 온난화의 원인은 산업 발달에 따른 효과에 의한 것으로, 이산화탄소가 주범이다.

지식 정보화 사회

정보와 지식이 중심이 되어 가치를 창출하는 사회. 종래의 농업 사회와 산업 사회가 노동력과 기계에 의존하는 데 반해 지식 정보화 사회에서는 정보와 지식이 무엇보다 중요한 자원이 된다. 따라서 지식 정보화 사회에서는 전문적인 분야의 고급 정보를 활용하여 새롭고 창의적인 아이디어를 창출하는 것이 무엇보다 중요하다.

지식혁명(Knowledge Revolution)

농업혁명, 산업혁명에 이은 제3물결을 지식혁명이라고 한다. 지식혁명 사회에서는 정보와 지식이 부를 창출하는 새로운 시스템이 된다.

지적 소유권(intellectual property)

인간의 창작이나 발명 등 지적 활동에서 발생하는 무형의 소유권. 크게 산업 발전을 목적으로 하는 공업 소유권과 문화 창달을 목적으로 하는 저작권으로 나뉘는데 공업 소유권과 저작권, 두 부류에 공통으로 포함될 수 있는 컴퓨터 소프트웨어도 해당한다.

차터 스쿨(charter school)

일종의 대안 학교인 차터 스쿨은 교육위원회로부터 교육 인가(charter)를 받아 부모, 교사, 지역 단체 등이 공동으로 운영하는 학교이다. 주 정부의 재정 지원과 학교가 조성한 발전 기금으로 운영비를 충당한다. 차터 스쿨은 학교가 스스로 교육 목표를 설정하고 운영 성과에 책임을 지므로 일반 공립 학교에 비해 교육 성과가 높고 지역 실정에 맞는 맞춤 교육을 제공하는 장점이 있다.

채권(bond)

정부, 공공법인 및 주식회사 등이 일반인으로부터 비교적 거액의 자금을 일시에 조달하기 위하여 발행하는 증권 또는 차용 증서를 말한다. 채권의 소유자는 유통 시장을 통하여 채권을 매각함으로써 유동성을 확보할 수 있다.

카론(Charon)

1978년에 미국 천문학자 크리스티에 의해 발견되었고, 그리스 신화에 나오는 저승의 강을 건네 주는 뱃사공의 이름을 따서 카론이라고 이름 지었다. 크기가 명왕성의 절반 정도인 카론은 명왕성의 위성으로 알려져 있었는데, 명왕성이 공식적으로 태양계의 행성 지위를 박탈당하면서 카론 역시 왜소행성으로 분류되었다.

케레스(Ceres)

1801년 1월 1일 피아치가 최초로 발견하였고, 피아치의 관측 결과를 바탕으로 가우스가 화성과 목성 사이에서 공전하는 천체임을 확인했다. 농업과 풍요의 여신 케레스에서 이름을 땄고 지름 913킬로미터로 소행성 중 최대이다.

코닥(Kodak Company)

1880년 조지 이스트먼이 설립한 미국의 사진 관계 용품 제조 판매 회사. 1888년에 선보인 사용이 간편한 휴대용 카메라는 대중적인 인기를 끌었고, 코닥은 사진 전문 기업의 대명사로 성장했다.

코란(Koran)

이슬람교의 경전. 예언자 무하마드에게 알라
신이 계시한 내용을 집대성한 종교적 체험의
기록이다. 모두 114장으로 구성되어 있고
신의 은총과 경고가 주된 내용이다.

콘텐츠(contents)

정보통신 네트워크를 통해 얻을 수 있는 모
든 종류의 디지털 정보를 통틀어 콘텐츠라
고 한다. 원래는 문서의 내용이나 책의 목
차를 일컫는 말이었지만, 요즘은 통신망이
나 방송망을 타고 흐르는 디지털화된 모든
정보를 통칭하는 말로 쓰이고 있으며, 개
인용 컴퓨터 보급의 확산으로 앞으로 콘텐
츠 관련 비즈니스는 더욱 확대될 것으로 보
인다.

쿠리티바(Curitiba)

브라질 남동부 파라나 주에 위치해 있는 도
시. 1854년에 주도가 되었고, 이탈리아,
독일, 폴란드에서 많은 이민자들이 들어
와 경제와 인구가 지속적으로 성장하였다.
1995년 국제적인 미래 연구단체인 로마클
럽에 의해 세계 12개 모범 도시 가운데 하나
로 선정된 쿠리티바는 대표적인 환경 도시이
자 생태 도시로 주목받고 있다.

클라우드 서비스(cloud service)

사진, 문서, 동영상과 같은 각종 콘텐츠를

전자 기기의 내부 저장 공간이 아닌 외부 클
라우드 서버에 저장해 두고 필요할 때마다
꺼내 쓸 수 있는 서비스를 말한다. 인터넷으
로 접속해 PC, 노트북 등 다양한 기기로 이
용할 수 있다.

탈시장화

시장화에 반대되는 개념으로, 개인 또는 사
회의 효용을 우선시하여 이윤 추구를 배제하
고 무료로 유통하는 것을 말한다.

통신 판매(mail-order business)

소비자가 카탈로그를 보고 상품을 선택하
여 통신으로 주문을 하면 판매자가 주문 상
품을 우편 등을 통해 배송하는 판매 방법.
1872년 애론 몽고메리 워드가 지방에 사는
소비자에게 대량 생산 제품을 팔기 위해 처
음으로 통신 판매를 시작한 이래 우편 서비
스와 교통의 발달로 인해 1904년에는 미국
전역의 고객들에게 300만 부의 카탈로그를
발송할 정도로 크게 성장하였다.

특허권(patent right)

일정 기간 동안 발명품을 제조·사용·판매할
수 있도록 정부로부터 부여받은 독점적 권
리. 새롭고 유용한 제조품, 화학적 합성물,
그것의 생산 방법 등에 대해 부여된다. 특허
청에 출원하여 심사를 거쳐 등록함으로써 특

허권이 발효되며, 출원 공고일로부터 15년
간 유지된다.

파업(strike)

임금 및 노동 조건의 개선이나 그밖에 특정
한 목적을 달성하기 위해 노동자들이 집단적
으로 작업을 중지하는 노동 쟁의의 방법이다.

패스트푸드(fast food)

햄버거, 감자튀김, 도넛 등 간단한 조리를
거쳐 빠른 시간 안에 제공되는 음식. 바쁜 현
대인들에게 간단한 한 끼 식사로 각광받으며
급속히 확산되었다. 하지만 비만과 성인병을
유발하여 소비자 건강을 위협하고 음식 문화
를 획일화시킨다는 등의 비판을 받고 있다.

포르피리오스(Porphyrios)

고대 그리스의 사상가이자 역사가. 로마로
가서 플로티노스에게 신플라톤학파 철학을
배웠다. 그리스도교에 대항하여 그리스 전통
종교를 신학화하는 《그리스도교 반박론》을
저술하였는데, 후에 이단으로 몰려 화형을
당하였다. 그가 쓴 《아리스토텔레스의 범주
론 입문》은 중세 논리학 연구의 교과서가 되
었다.

포브스(Forbes)

미국의 출판 재벌 포브스사가 펴내는 경제
전문 잡지. 매년 세계의 부호 순위를 발표하

는 것으로 유명하다.

프로세서(processor)

컴퓨터에서 명령을 해독하고 실행하는 중앙
처리 장치.

프로슈머(prosumer)

판매나 교환을 위해서가 아니라 자신이 사
용하거나 만족하기 위해 서비스나 제품 또
는 경험을 생산하는 이들을 말한다. 앨빈
토플러가 《제3물결》에서 처음으로 쓴 용
어이며, 생산자(producer)와 소비자
(consumer)의 합성어로 '생산적 소비자'
정도로 해석할 수 있다.

프로슈머 경제(prosumer economy)

무보수 노동으로 이루어지는 비화폐 경제. 눈
에 보이지 않고, 가치를 측정할 수 없지만, 현
재 대대적으로 이루어지고 있는 분야이다.

프로슈밍(prosuming)

프로슈머들이 스스로 생산하면서 동시에 소비
하는 행위를 말한다. 제품 개발을 할 때에 소
비자가 직접 또는 간접적으로 참여하는 방식
이나 자급자족 형태는 모두 프로슈밍이며, 여
성들의 가사 노동도 프로슈밍에 해딩된다.

프리랜서(free lancer)

영어로는 프리랜스(free lance)로 표기하

는 것이 보통이지만, 한국에서는 일반적으로 프리랜서라고 부른다.

어떤 영주에게도 소속되지 않은 '자유로운 창기병'이라는 뜻으로, 대의명분과는 관계없이 계약을 맺은 영주를 위하여 싸웠던 중세 서양의 용병단에서 유래한 말이다. 현재는 집단이나 조직의 구속을 받지 않고 자유 계약 신분으로 일하는 노동자들을 가리키는 말로 쓰이고 있다.

프리에이전트(free agent)
거대 조직체의 굴레로부터 벗어나 자신의 미래를 스스로 책임지는 자유로운 독립 노동자 전체를 아우르는 말.

PC(Personal Computer)
개인용 컴퓨터를 칭하는 용어. 우리나라에서는 1980년대에 들어서 개인용 컴퓨터의 보급이 본격적으로 이루어지기 시작했다.

하향 경쟁(race to the bottom)
저임금 노동력 경쟁을 말한다. 값싼 인건비를 더 낮추면서 서로 경쟁한다고 해서 '바닥으로의 경쟁'이라고 한다.

핵가족(nuclear family)
한 쌍의 부부와 미혼 자녀만으로 이루어진 소가족. 근대 산업 사회로의 전환 과정에서 두드러진 경향으로, 미국의 인류학자 머독이

처음 사용한 용어이다.

헬렌 켈러(Helen Keller)
1880년 미국 앨라배마 주에서 태어난 헬렌 켈러는 생후 19개월에 열병을 앓아 시각과 청각을 잃었다. 특수교육 교사인 설리번 선생의 헌신적인 지도로 헬렌 켈러는 하버드 대학교 래드클리프 칼리지를 우수한 성적으로 졸업하고 저술가 겸 사회사업가로 활동하며 많은 사람들에게 감동을 주었다.

현금 자동 입출금기
(ATM, Automatic Teller Machine)
은행 등 금융 기관의 주 컴퓨터에 온라인으로 접속되어 있는 은행 창구 업무용 데이터 통신 단말 장치. 예금자가 스스로 수표나 현금의 입출금, 계좌 이체, 잔고 조회, 세금 납부 등의 업무를 처리할 수 있다. 영업 시간 이외의 서비스 제공, 창구 업무의 자동화 및 무인화, 처리 시간 단축 등을 위해 은행이나 우체국 등의 점포 안이나 무인 창구 등에 설치되어 있다.

홈스쿨링(home schooling)
학교에 가는 대신 집에서 부모한테 교육을 받는 재택 교육. 학교라는 제도가 일반화되면서 학교 교육과 부모의 양육의 역할이 분리되어 왔는데 공교육의 획일적인 교육을 불신하는 부모들이 아이의 적성과 특성에 맞게

직접 가르치는 홈스쿨링이 확산되고 있다. 우리나라의 경우에는 현행법상 의무교육으로 규정된 초등 과정을 무시하면 100만 원 이하의 과태료를 물게 되어 있는 등 제도적 규제가 있다.

홈페이지(homepage)

웹브라우저를 실행시켰을 때 나타나는 초기 화면. 또는 웹상에서 어떤 사이트를 선택했을 때 제일 먼저 보여지는 웹페이지. 홈페이지에는 문자 정보뿐만 아니라 화상이나 음성, 동영상을 실을 수도 있으며, 링크를 이용해 다른 홈페이지로 이동하거나, 해당 웹사이트의 이용자와 쌍방향 대화를 할 수도 있다.

화이트칼라(white-collar)

20세기 초 산업 사회를 이끈 지식과 전문 능력을 습득한 사무직 노동자를 말한다. 이들은 사무실에서 흰색 와이셔츠를 입고 근무했기 때문에 블루칼라(blue-collar)와 대비되는 개념으로 화이트칼라로 불렸다. 21세기 정보 사회의 주체는 이제 골드칼라(gold-collar)로 바뀌고 있다. 골드칼라는 황금처럼 반짝이는 기발한 아이디어와 창의적 사고를 주무기로 사회의 새로운 질서를 주도하고 있다.

화폐, 화폐 경제(money economy)

화폐는 일반적으로 경제적 교환의 수단으로 인정되는 물품을 말한다. 이것은 가격과 가치의 척도로서 경제 활동의 편의를 도모하고 부를 축적하는 주요 수단으로 기능하고 있다. '화폐 경제'는 상품의 거래와 유통이 화폐를 매개로 하여 이루어지는 경제를 말한다.

환경오염(environmental pollution)

인간 활동에 의해 발생하는 대기·수질·토양 오염 및 소음·진동 등으로 자연이나 생활 환경을 손상시키는 현상. 산업혁명으로 인해 서부 및 북부 유럽 지역은 일찍부터 환경 문제가 발생하였다. 석탄을 연료로 한 초기 공업 발달 시기에는 스모그 현상과 같은 심각한 대기 오염 문제, 산업 폐수 등에 의한 하천 오염 문제가 큰 골칫거리로 등장하였다. 이처럼 일찍부터 환경오염 문제를 겪은 유럽의 국가들은 오늘날 철저히 환경오염 문제에 대한 대비책을 갖추고 있으며 곳곳에 생태 도시들을 만들고 있다. 그러나 중국이나 인도, 멕시코 등 뒤늦게 산업화 및 공업화 물결에 뛰어든 국가들은 심각한 환경 문제를 야기하고 있으며 이에 대한 대책도 마련하지 못하고 있는 실정이다.

환율(exchange rate)

한 나라의 통화가 다른 통화로 교환될 때의

가격. 환율을 통해 어떤 두 나라의 물건 값을
서로 비교할 수 있고 두 나라 간에 경제상의
거래가 이루어진다. 대부분의 환율은 거래할
때마다 변화가 있다. 그러나 고정되어 있고,
시장의 힘에 의해서 변하지 않는 환율도 있
다. 환율은 기본적으로 외환 시장에서 외환
에 대한 수요와 공급에 의해 결정되지만 물가
상승비, 금리 차이, 정치·사회의 안정 여부
등과 같은 요인에 의해 영향을 받기도 한다.

효용(utility)

소비자가 재화나 용역을 소비함으로써 얻는
주관적인 만족의 정도. 인간의 욕망을 만족
시키는 힘도 효용이라 할 수 있는데, 욕망은
경제 활동의 기초가 되고 있기 때문에 이 효
용을 얻는 것이야말로 경제 활동을 뒷받침하
는 일이 된다. 그러나 효용은 주관적인 것이
기 때문에 그 크기를 측정하기 어렵고 개인
간의 비교 또한 불가능하다.

이 책을 만든 사람들

지은이 | 앨빈 토플러, 하이디 토플러

토플러 부부는 《미래 쇼크》, 《제3물결》, 《권력 이동》 등 미래 사회를 예견하는 책을 펴내며 세계적인 베스트셀러 작가이자 미래학자로 널리 알려졌다. 토플러 어소시에이츠를 공동 창설하여 세계 여러 나라의 정부와 기업들을 대상으로 경제와 기술의 발전, 사회 변화에 대해 조언했으며, 글로벌 트렌드에 대한 저서와 스피치를 남겼다.

총괄 기획 | 김성희

토플러 어소시에이츠 한국 지사장을 역임했고, 미국 시사 주간지 〈타임〉, 〈뉴욕 타임스〉, 〈인터내셔널 헤럴드 트리뷴〉의 기자로 활동했다. 언론인, 작가 및 강사로서 활발한 활동을 하고 있으며, 역서로 《라마, 무지개빛 날개를 가진 토끼》가 있다.

엮은이 | 이노을

한국과학문화재단에서 발행하는 인터넷 과학 신문 〈사이언스 타임스〉 편집위원(기고명:이성규)으로 활동했다. 국내외 과학자들의 활약과 현대 과학 기술의 발전상을 쉽고 재미있게 알려 주는 과학 기사와 칼럼을 쓰고 있다. 펴낸 책으로 어린이와 청소년을 위한 과학 교양서 《교과서 밖으로 뛰쳐나온 과학》과 창작동화 《차차 혼자서》, 《3미터의 삶》 등이 있다.

감수 | 김주현

전 현대경제연구원장. 서강대학교 영문학과를 졸업하고, 미국 아이오와 주립 대학교에서 경영학 석사, 애리조나 주립 대학교에서 경영학 박사 학위를 받았다. 대통령 자문 지속가능발전위원회(PCSD) 실무위원 및 대한상공회의소 남북경협위원으로 활동했다.

그린이 | 유남영

만화예술과를 졸업하고, 캐릭터 디자이너 겸 일러스트레이터로 활동하고 있다. 그린 책으로는 카툰 에세이 《지지리궁상 밴드독》과 《똑똑한 만화 교과서 속담》, 《명작 논술 돈키호테》, 《우리말 고운 말》 등이 있다.